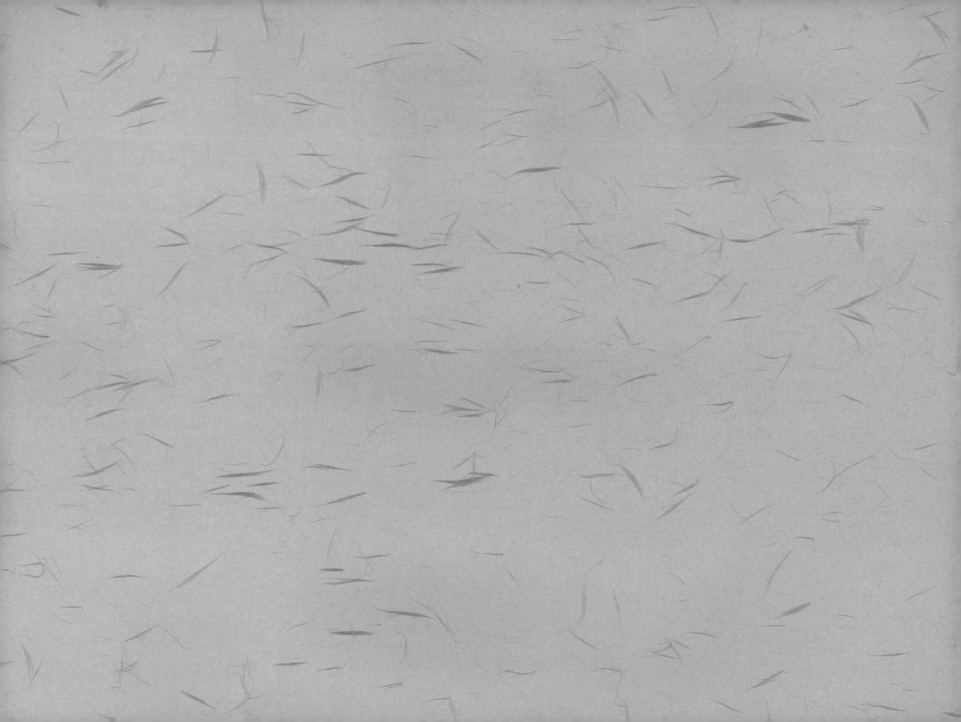

2011 靈鷲山

民國百年
弘法紀要

大悲心

華嚴

覺見有情

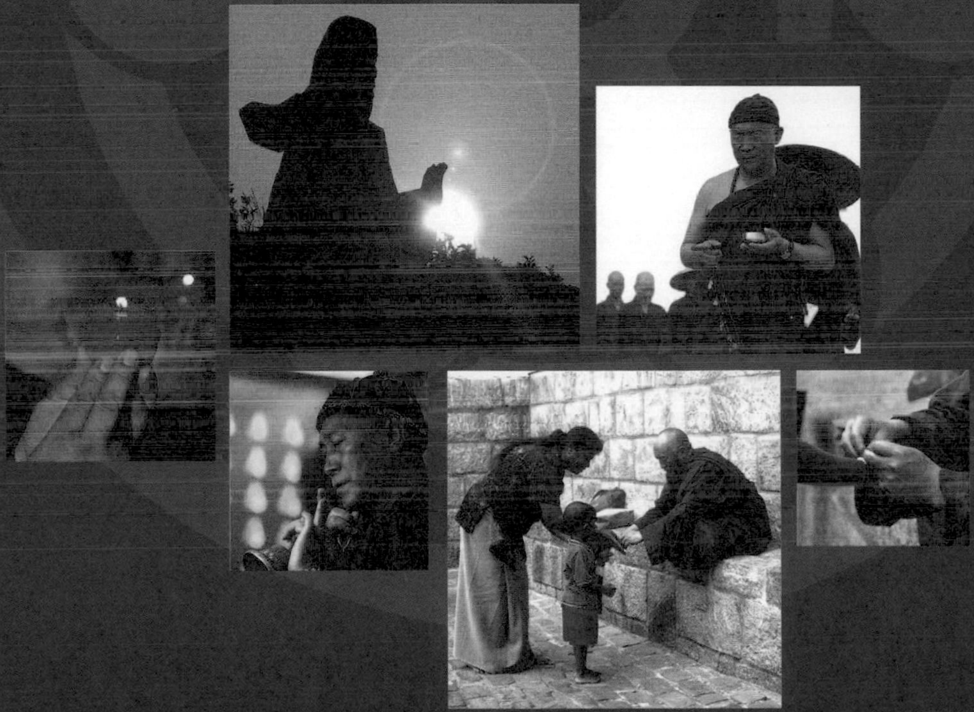

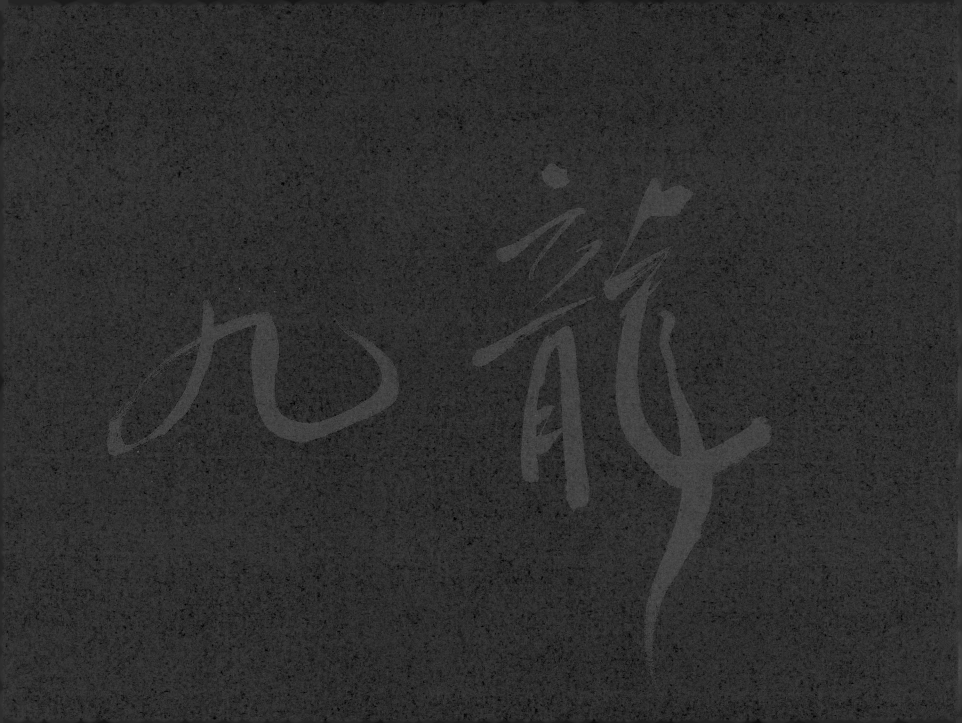

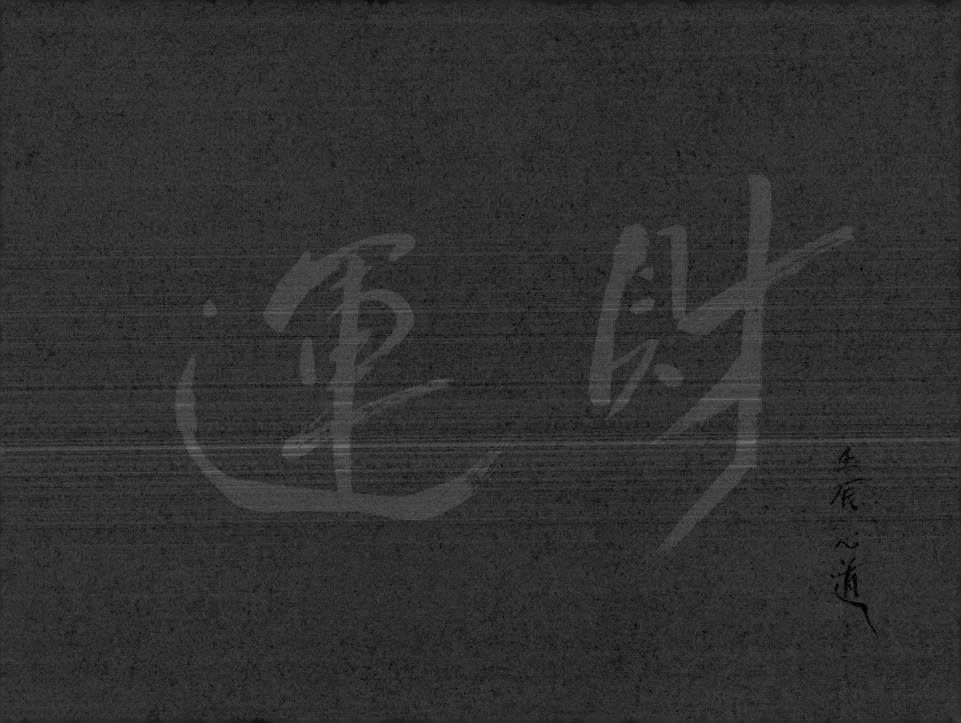

「這一聲佛號，一聲鐘，一聲鼓，一聲木魚，一聲磬，諧音磅礡在宇宙間，解開一小顆時間的埃塵，收束了無量數世紀的因果。」民國百年的帷幕就在師父親自鳴鐘祈福的加持儀式下正式揭開，梵唄嘹亮聲中，當曙光緩緩拂照東北角時，彷似佛恩之暖煦日般地映耀。在場四眾弟子內心無不充盈著法喜之樂。

有情世間的百年不啻是變動無常的一幕剪影，有如白駒過隙的瞬間轉眼即逝，對走過生死歲月的人們來說卻歷歷在目、認真辛苦。有情世間的百年紀念，只是一種暫時圓滿的生滅假象，因此，師父特別在元旦這一天期勉弟子抱持著成佛的菩提心，也就是自覺覺他的心，說：「成佛就是一個圓滿的生命，不成佛就會流浪生死。」

2011年2月，師父在回盟「2011人類共同價值對話」的研討會上，呼籲大眾能夠放下彼此之間的對立、拋開自我本位的立場，真心和諧的為人類群體種下愛與和平的希望種子。這種不執著於分別心、發願渡眾「出離生死」的初發心，就是促使靈鷲山在10年前創辦全球首座「世界宗教博物館」的動力。本

諸「愛與和平、地球一家」的創館理念，我們以宗博作為增益人們相互包容認識的宗教平台，10年來我們致力於宗教對談、社會參與，我們深切地相信宗教是世間和諧的原動力，因為宗教的原點總是以愛為核心，「不同宗教，因愛而和諧」，心道師父如是說。

民國百年，我們以「心和平，世界就和平」作為宗博10週年館慶的宣言，一方面回首來時堅持理念的篳路藍縷，一方面回歸宇宙原初的真心和諧。慶祝宗博10週年，從年初即陸續舉辦了多項慶祝活動，包括：「福到人間」新春特展、「聖母·聖像·花毯」特展、「不是看我」——心道師父與一行禪師書法聯展，以迄於11月9日館慶當天正式揭開的「智慧華嚴——北京首都博物館佛教文物珍藏展」。

特別是館慶當晚在台北國際會議中心舉行的「心和平之夜」晚會，世界各地的靈鷲人歡聚一堂，不啻是宗博館慶的最佳賀禮。沒有10年前「百元蓋宗博」的活動，積沙成塔一點一滴的累積，就不會有今日宗博舉世稱許的成就，當初的100元因此成為我們之間聯繫彼此真心的緣起善緣，師父在全國護法會新春開示時就這麼說道：「100元就是一個連結，100元就是維繫我們整個的互動關係。」

2011年的盛事除了慶祝宗博成立10週年的一系列館慶活動，另一項值得一書的成就即是與大陸之間佛教活動的交流往來。從5月迎奉普陀山普濟寺的毗盧觀音來台，到8月應楊釗居士的邀請往赴江西百丈禪寺啟建水陸法會，再到11月與北京首都博物館的合作，

每一項活動莫不是靈鷲山群體上下總動員的大事。普陀山是著名的觀音道場，是「慈悲」的菩提象徵，百丈寺是懷海禪師的說法祖庭，是「禪」的智慧代表，合之併觀正是靈鷲山「慈悲與禪」宗風的實踐落實，而首都博物館展覽名為「智慧華嚴」，更是彰顯華嚴精神的體現。

即使2011是如此繁忙充實的一年，師父海內外弘法的行程仍不停歇間斷，自4月到6月間持續展開全球寧靜行腳，從德國慕尼黑，到大陸浙江普陀山，及至新加坡，12月17日則於新北市新莊體育場展開「全球寧靜運動」的萬人禪修大會師，將寧靜運動推展至高峰。

當然，世事總是無常生滅，令人難以捉摸預期。在民國百年、宗博10年的歡騰氣氛當中，亦傳出讓人感傷的消息，特別是年初日本的311大震，大自然對於人類文明展現的反撲力量，實在怵目驚心。心道師父呼籲大眾持誦〈大悲咒〉迴向往生罹難者，並指示靈鷲山慈善基金會發動捐輸賑災，國土危脆之際，更應展現我們同體大悲的情懷。師父在3月15日接受飛碟電台專訪時指出，環境災難的根源所在是人類的貪心以及對立的瞋心，再加上無明癡心。面對全球災難的發生，就是要找到安心之道，所以最重要的就是找回真心，用真心來展現慈悲和諧。

對於靈鷲人來說，更教人不捨的莫過於戒德老和尚於5月21日的圓寂涅槃。老和尚梵唄嘹亮的聲音，向來是靈鷲山水陸法會的一大特色，從今而後，每年的水陸法會將不再響起熟悉的主法梵音，但我們也真心為戒德老和尚覺性圓滿，歸入真常感到歡喜。

年底，我們精進在華嚴閉關的行願海中，居士們也發心護持僧眾四時供養，讓三寶慧命常存，也讓靈鷲山教團傳承不斷，繼承師父悲願度眾覺有情的娑婆機緣。相信大家都是有緣人，都出現在上師的生命足跡之中，未來必定共同連結在觀音報土常寂光境。

2011年，實在是充盈著無數的生命記憶。值此宗博10年時刻，我們回首過往，展望未來，真心感謝有您的陪伴與參與教團的一切發生，也請您一齊繼續和我們真心和諧地守護彼此、照亮你我。

釋了意 合十

目錄

大悲・華嚴・覺有情

9

歲去春來，2011年轉眼過去，回顧這一年，地球天候的溫室效應持續擴大，全球各地災難頻傳，3月的日本大地震，造成了數以萬計的人民流離失所，尤其福島核電廠爆炸所引發的核輻射外洩，更是全球生命共同遭受的危機。在這個災難的時代，我們領會到人類與萬物的共存、地球環境的維護，不再是彼此競爭、人定勝天的關係，而是如何共同在地球生存的課題。

心道師父說由於人心的貪、瞋、癡，不斷地過度開發地球的資源，枯竭了地球再生的動能，是造成地球暖化與氣候異變的最大原因。地球是眾生共同生存的地方，我們要學習到唯有息滅人心的貪、瞋、癡，愛護地球、慈愛眾生，才能減緩災難的發生。靈鷲山的宗風是「慈悲與禪」，就是以禪來守護我們的自心，不為貪、瞋、癡所蒙蔽；慈悲就是「願眾生得離苦，不為自己求安樂」，時時效法觀音菩薩的慈悲精神，做好服務生命、奉獻生命的佛法工作，長養我們的福德智慧。

民國百年，是靈鷲山宗風落實的一年，在心道師父的帶領下，不論是在慈悲的實踐或是禪修的推廣，都有實際的成果展現在世人的面前。首先值得一提

的是，靈鷲山與中國大陸歷史知名的觀音菩薩聖地——普陀山的交流合作，並迎請普陀山普濟寺的毘盧觀音重鑄身來山安奉，兩岸之間的觀音信仰交流，實為當代兩岸佛教一大盛事。另外，8月時靈鷲山應邀在禪宗祖庭江西百丈禪寺啟建一場殊勝的水陸法會，這是靈鷲山首次在中國大陸啟建水陸法會，也是靈鷲山將冥陽共利的殊勝法會與禪的攝心相結合。而2011年也是世界宗教博物館（以下簡稱宗博館）開館10週年，靈鷲山特別與北京首都博物館合作，展示該館珍貴的佛教文物；全球各大宗教類博物館的代表以及來自全球各地宗教領袖與學者、企業人士也齊聚台灣，為這座意義不凡的博物館慶賀10週年生日。

一、大悲願力不斷，菩提道上兩岸攜手轉動慈悲

2011年，靈鷲山在觀音菩薩的加持護祐下，展開了各項弘法志業。靈鷲山的宗風是「慈悲與禪」，一提到慈悲，眾人心中頓時浮現觀世音菩薩聞聲救苦、大慈大悲的形象。在末法時代，唯有觀音法門始能轉惡為善，轉惡業為善業，用信仰的力量尋回心靈的安處之地。

百萬大悲咒，以觀音大悲願力安度災難

〈大悲咒〉是心道師父的成就心訣，藉由日夜誦持思惟的加持，心道師父成就了許多不思議利益眾生的事業。心道師父深知〈大悲咒〉殊勝之處，也期許眾人效法觀音拔苦救難的慈悲精神，長養菩提心，希望眾人能在觀音菩薩的廣大慈悲願力加持下，安

度末法時期災難頻仍的時代。心道師父說，持〈大悲咒〉有所求如願、隨願往生、修行證果等種種利益，所以大家要發願持誦〈大悲咒〉。因此，靈鷲山護法會自2008年起，首由蘭陽講堂組織「百萬大悲咒」共修團隊，至2011年已擴散於全台各地區講堂，數千人加入共修行列，廣開甘露法門，接引眾生學佛，深植福德，並祈願佛法永續、災難遠離。

2011年，地球暖化的趨勢未見減緩，各地災難頻傳，所以〈大悲咒〉不僅是靈鷲山信眾的日常功課，每當災難發生時，靈鷲人更是集眾勤誦〈大悲咒〉，以觀音菩薩的慈悲願力，迴向災難消弭。因此，不管是311的日本大地震、紐西蘭地震或是泰國水患，靈鷲人或許無法即時親赴災區撫慰災民，但是大眾秉持觀音菩薩「同體大悲」的精神，持誦〈大悲咒〉，祈願以觀音的廣大慈悲願力，讓受災眾生痛苦消除，皆能得到重新站起來的力量。2012年，心道師父更將發起「廿一日大悲咒」閉關，邀請靈鷲山信眾與心道師父共同持誦〈大悲咒〉，以閉關的攝心精進，來面對無法預期的災難，成為安定全球的一股力量。

觀音行願，兩岸佛教共締和平願景

「普陀山有靈鷲峰、靈鷲山有普陀巖」，同為觀音道場的靈鷲山與歷史上著名的觀音聖地——普陀山，由於觀音菩薩的善妙因緣，促成了兩個道場之間的深度交流。2011年5月29日，靈鷲山迎請普陀山普濟寺主尊毘盧觀音重鑄身，安座福隆聖山寺金佛殿，心道師父並與普陀山普濟寺住持道慈法

師簽訂合作備忘錄，也將於2012年致贈靈鷲山多羅觀音複製像予普陀山。這是台灣與中國大陸間佛教交流的大事，也是心道師父多年來與中國大陸宗教界交流的成果。

師父認為，台灣佛教的發展源自許多的佛教大師渡海來台弘法，始有今日台灣佛教的興盛；而今，中國大陸社會逐漸開放、經濟發達，人民亟需佛法給予精神的滋養，台灣的佛教應當擔負起這樣的使命。

自1988年起，心道師父首度率領四眾弟子前往中國四大名山道場——五台山文殊道場、九華山地藏道場、普陀山觀音道場、峨嵋山普賢道場等中國佛教聖地朝禮，並發願將四大道場悲智願行的精神帶回台灣，於靈鷲山建設四大道場——觀音、文殊、普賢及地藏道場。此後，因為籌建世界宗教博物館的因緣，靈鷲山與中國大陸的宗教界、博物館界有更密切的交往，1991年，心道師父前往中國東北參訪松花江博物館，更增加眾人籌建世界宗教博物館的信心；1994年，中國國家承德文物館張德勤館長率領中國博物館界、宗教界人士訪問靈鷲山無生道場及世界宗教博物館籌備處。2000年，心道師父也以禪師的身份，應河北柏林禪寺之邀，於趙州禪祖庭，傳授寂靜修法門。

博物館開館後，靈鷲山與中國大陸的交往，朝向多元化發展，與學術界、文化界、宗教界建立深厚的友誼。2002年，心道師父率團前往北京，參訪北京佛學院、拜會傳印長老，並前往九華山朝聖參訪，與北京佛教界人士建立深厚友誼。2004年，靈鷲山教團、世界宗教博物館與中國社會科學院世

界宗教研究所合作舉辦「全球化進程中的宗教文化與宗教研究」海峽兩岸學術研討會；2005年，心道師父於北京大學發表「從本地風光到華嚴世界」講演，闡述靈鷲山開展的弘法志業，展現促進人類社會未來發展的另一種和平選擇，引起極大迴響，並與北京大學簽訂合作備忘錄，邀請心道師父未來每年前往發表演說及交流。2007年，心道師父更赴廣州弘法寺求法，受本煥老和尚付囑印可為臨濟宗第45世傳人，紹隆佛種，讓正法永久住世。

靈鷲山長久以來，與中國社會各界的合作交流，以及心道師父數次率領徒眾朝禮普陀山觀音聖地，是促成這次靈鷲山與普陀山合作交流的契機。而今日，靈鷲山迎請普陀山毘盧觀音來山安座，以及簽訂合作備忘錄，代表了兩山因觀音菩薩的深厚因緣而彼此交流。而這次成功的交流，與5月初靈鷲山、宗博館和山東泰山風景名勝區簽訂文化交流合作協議，彼此締結宗教文化與藝術上的合作；以及2011年11月9日北京首都博物館出借館藏珍貴文物，提供世界宗教博物館展出，以慶祝世界宗教博物館開館10週年，這些都展現靈鷲山與中國大陸密切的交流與合作。這些成果也展現在鳳凰網「華人佛教」以及新浪搜狐網「心靈講堂」，分別於12月中旬訪問心道師父與靈鷲山，將心道師父20餘年來開展的靈鷲山弘法志業、籌設世界宗教博物館以及致力於世界宗教對話的過程與成果，介紹給中國大陸人民認識。

末法時代災難頻傳，信仰的力量便顯得更加彌足珍貴。靈鷲山所彰顯的「觀音法

門」，是以觀音菩薩的大悲願力，度脫六道眾生。心道師父表示，「靈鷲山佛教教團開山以來，藉觀音菩薩的慈悲精神，接引十方有緣善信，以生命服務生命，生命奉獻生命的信念，實踐觀音菩薩的願力。10年前靈鷲山以這份精神，籌建了世界宗教博物館，為帶給世界和諧正念的力量而努力不懈；今天在觀音菩薩的護念下，迎來毗盧觀音，更期許2012年靈鷲山的多羅觀音能到普陀山，以甘露法水灌溉每一位眾生的心靈，讓更多人能因此加滿觀音的能量，連結善緣，也樂見兩岸聖地交流步向越來越多元的趨勢。」

二、全球行腳推廣心寧靜運動

心道師父曾多年於墳塚苦修，始終以禪為心法，直至明心見性、真心不昧。開山後，心道師父以禪接眾、以禪度眾，以禪為佛陀教法的傳承心法。禪是靈鷲山的道風，為靈鷲山弟子精進心性的功課，也是對外弘揚佛法的志業之一。心道師父以禪師身份，在全球各地展開寧靜行腳，教導傳授寂靜禪法；已連續啟建18年的靈鷲山水陸法會，也創新在每壇佛事儀軌開始前，帶領大眾修習一分鐘禪口訣與九分鐘平安禪，讓信眾能立即攝心，更增添法會莊嚴，也能領受法會的殊勝功德。

另外，靈鷲山為培養禪修師資、讓僧眾對禪修有深入的體悟，靈鷲山在每季的僧眾精進閉關，做了制度上的調整，讓僧眾更能集中心力，放下萬緣，禪修精進。在禪修推廣上，除了每年的雲水禪外，靈鷲山與國內中小學合作開發「心寧靜」兒童禪修教材，並在校園中推廣「心寧靜、反霸凌」運動；

大悲‧華嚴‧覺有情

12月17日與新北市政府合作舉辦「2011全球寧靜運動──寧靜大會師」，結合禪修與愛地球環保議題，推動全民心寧靜的運動，期許以新北市為出發點，將寧靜運動及愛地球九大生活主張推向全世界。

全球寧靜行腳

2011年，心道師父分別在德國慕尼黑、新加坡、普陀山普濟寺、廣州六榕寺等地展開「全球寧靜行腳」，推廣並指導寂靜禪法。「全球寧靜行腳」結合了行禪以及心道師父的獨特心法──寂靜修，讓學員在禪修的過程中，更能攝心定慮，體會禪修的奧妙。心道師父曾於2007年受邀到慕尼黑傳授禪修，並與一群科學家分享禪修體驗。2011年4月，師父再度受到慕尼黑大學宗教系主任Michael von Brück邀請前往教授禪修。心道師父為禪修的學員，一步驟、一步驟地講解、示範寂靜修四步驟要領，以及行禪的動作過程。這次的禪修教授，也為未來靈鷲山於國際上傳授寂靜禪法立下示範。有了這次的經驗，心道師父在6月初前往新加坡弘法的過程中，複製此一模式，特為新加坡信眾傳授禪法。

此外，心道師父亦先後受邀在普陀山普濟寺，及廣州六榕寺公開傳授觀音法門及寂靜修禪法。為迎接普濟寺毘盧觀音安奉靈鷲山金佛園區，心道師父於普濟寺傳法，對於中國大陸人民的精神信仰以及靈鷲山的發展，都具有不凡的意義。而10月於禪宗六祖惠能大師剃髮的廣州六榕寺傳法行程，在禪宗傳承上更具意義。

校園反霸凌，心寧靜運動

　　靈鷲山在禪修的推廣上，有了令人欣喜的新發展，靈鷲山三乘佛學院與中華民國激勵協進會、世界宗教博物館生命教育中心及生命領航員聯誼會等單位合作，在中華民國激勵協進會理事長宋慧慈老師的指導下，設計了一套適合中小學學生修習的「心寧靜」生命教材，讓學生在禪修的鍛鍊中，在學習上更具專注力；而在生命教育的意義上，使學生能對生命有更深刻的認識，從而知道尊重生命、珍惜生命，杜絕校園的霸凌現象。並且為此舉辦了多場的師資培訓，並於中小學校園中推廣一分鐘禪的「心寧靜」運動，獲得各中小學校校長、老師的讚賞，紛紛讚嘆校園在此過程中由喧囂變為寧靜的奇妙變化，學生的行為也因此變得更為和平。

全球寧靜運動

　　在現代社會中，各種資訊充斥、社會變遷快速，人心浮躁不安，為求一時寧靜，或掩耳不視、或求助心理醫師而不可得，卻不知寧靜不假外求，只需時時觀照自我的內心，從自己的內在就能找到寧靜的力量。靈鷲山曾於2004年至2007年間，連續4年舉辦國人心靈健康調查，並發表「心靈白皮書」報告書，發現國人的不快樂來自政治的紛擾、媒體資訊的疲勞轟炸、以及經濟情況不佳、對未來的不確定感等等。靈鷲山鑑於唯有找回「簡單」、「樸實」、「寧靜」的生活與心靈，人心才能平和、社會才能和諧，因此將自2003年開始每年一度的萬人禪修擴大為「全民寧靜運動」，透過減音、減食、減碳以及寧靜、愛心、對話、素食、環保袋、節能、減碳、節水、綠化等九大生活主

張，並結合九分鐘平安禪，希望讓參與者在此一盛會中，領受個人心靈的寧靜以及社會的和諧。

2011年靈鷲山與新北市政府合作，於12月17日在新莊體育場舉辦「2011全球寧靜運動——寧靜大會師」，邀請渴望心靈寧靜、社會和平的現代人，暫時放下俗務，享受心靈的和諧。靈鷲山結合愛地球九大生活主張，別開生面地策劃「愛地球九大生活市集」，以寧靜、愛心、對話、素食、環保袋、節能、減碳、節水、綠化九大生活主張，用最為貼近常民生活的市集活動，推廣簡單生活的概念；另外也於現場舉辦了一場「寧靜音樂會」，邀請新北市的學校樂團等現場演奏。「全球寧靜運動」的壓軸，則是心道師父帶領現場民眾體驗九分鐘平安禪，靜心澄慮，享受禪修的快樂。

三、華嚴世界的開展——宗博十年

2011年是世界宗教博物館開館10週年的紀念。回想10年前，震撼人心的「911恐怖攻擊」剛剛發生，宗教間的矛盾、誤解與衝突日益激烈，彼此間充滿了對立與不信任，宗博館於當年的11月9日開館，象徵著和平種子已在台灣發芽。10年來，心道師父以佛教的柔性力量，透過宗博館這個平台，於全球各地舉辦了12場回佛對談，讓各宗教領袖、代表在此能夠開放、真誠、平等地展開對談，尋求建立愛地球與和平的共識。這12場回佛對談邀請了基督教、天主教、伊斯蘭教、猶太教、印度教、錫克教以及佛教三乘傳承等世界各大宗教領袖，大家齊聚共同找出衝突的根源、尋求化解衝突的方法。

這10年來，心道師父與宗博館推動宗教對談、促進「愛與和平、地球一家」的理念實現，在國際上獲得了許多的支持與讚揚，不僅有英國、印度等國分別表達希望複製世界宗教博物館的成功模式，在伯明罕市、新德里等地籌設宗博館分館。心道師父更因致力於宗教對談與和平工作，前後獲得印度「宗教交流和諧基金會」頒贈「穆提拉尼赫魯和平‧包容和諧獎」、美國理解寺（Temple of Understanding）選為全球跨信仰遠見者（Interfaith Visionary）以及斯里蘭卡、緬甸等國家頒贈「弘揚佛法貢獻獎」等國際各界的肯定。

宗博館於2001年開館後，在心道師父與首任館長漢寶德博士、現任館長江韶瑩博士的支持跟推動下，更主動積極走向社會、學校，成為台灣第一個也是唯一的生命教育博物館。心道師父說，「宗教，即是將生命的意識網路，轉化成愛的生命網路的重要媒介。」眾生問題的種種，根源在於「一念之間」，「百千法門，同歸方寸」，世間種種現象，皆是心的變化與作用，唯有放下心中妄念，透過靈性教育，領略人在宇宙自然中息息相關的運行，使人們能夠面對現實的困擾並打開心裡的枷鎖，讓身心和思想開展，自然就會自在安樂。

因此，宗博館於2004年結合教育工作者成立生命領航員聯誼會，編訂生命教育教材，開辦生命教育教師研習營，深入中小學校園推廣生命教育理念；更於2009年成立生命教育中心，結合宗博館生命之旅廳的展示設計，以及累積多年推廣生命教育的經驗，

讓宗博館成為生命教育工作者交流、互動的平台，也希望讓更多學校、教師或社會團體能深入運用宗博館資源，讓生命教育不再只是口號，而能於生活中實踐，讓生命更有尊嚴、更有價值。

2011年，為了慶祝世界宗教博物館開館10週年，心道師父與宗博館特別邀請了佛教、天主教、印度教、錫克教、神道教、伊斯蘭教、佛教等各宗教領袖，以及全球各大宗教類博物館代表及國際學者，在宗博館舉辦「如何建立一座世界宗教博物館」國際論壇，在「宗教和諧‧地球一家」的理念基礎上，共同討論如何以世界宗教博物館「尊重‧包容‧博愛」的開館精神，在全球各地創造一所所新的世界宗教博物館，彼此攜手合作，促進各宗教交流，成為開啟和平對話的平台，推動世界和平。

同時，宗博館也推出各項特展，包括「館史暨祝賀特展」、「覺有情——慎雲漢堂佛教文物收藏展」，也與北京首都博物館合作，推出「智慧華嚴——北京首都博物館佛教文物珍藏展」特展，展出首都博物館收藏的中國歷代皇室珍貴佛教文物。「智慧華嚴」特展不僅僅是首都博物館首次跨海來台展出，此次展出的102件文物中，有三分之一是出土後首次亮相展出，更有20餘項展品，每件價值均超過千萬人民幣，可見此次展出的珍貴程度。

靈鷲山花了10年的時間籌建世界宗教博物館，這中間靈鷲山的護法信眾，100元、100元地勸募建設經費，涓滴成海，終於讓宗博館呈現在世人面前。為了感恩護法信眾的付出，也為了讓來台參加國際論壇的國際友人領受靈鷲山的熱情，以及對和平的想

望，靈鷲山教團特別在世界宗教博物館開館紀念日當晚舉辦「心和平之夜」。心道師父說「心和平，世界就和平」，「心和平之夜」除了宣揚靈鷲山以及全球人類對和平的渴望，也趁此機會邀請全球的靈鷲山信眾同聚一堂，祝賀宗博館生日快樂，重溫當時將一生的青春年華貢獻給靈鷲山的時光，也見證宗博館開館10年來，開展和平與生命教育志業的點滴，並期許未來宗博館更能為世界的和平未來、為人類心靈的寧靜，帶來美麗新願景。

《華嚴經》裡面描述佛陀所證悟到的宇宙智慧，「一花一世界，一葉一如來」，每個人只要發起菩提心，必能彼此環扣善緣，產生善的循環，達到遍滿一切明覺的智慧佛果。從華嚴世界的角度而言，一切眾生都具有佛性，這個世界的每個眾生都是未來佛，都有各自的佛國世界。心道師父籌設世界宗教博物館，即是為了具體地展現「一花一世界，一葉一如來」的華嚴精神。宗博館從籌建到開館，這20年來，不斷地展開宗教間的交流對話，消弭宗教間的衝突戰爭；致力於推動生命教育，提倡尊重生命、珍惜生命。種種作為就是相信生命的神聖性，相信世上各大宗教都是基於對世人的愛而成立，所以必能攜手共同實現「愛與和平、地球一家」華嚴世界的願景。

四、結語

心道師父曾說過，「靈鷲山是華嚴的聖山，是續佛慧命的聖山，是和平的聖山。而聖山建設是以大悲水澆灌大眾成佛的種子，希望讓世人都能回歸心靈，找回『簡

單』、『樸實』、『寧靜』的自己，能夠早日實現『愛與和平地球家』的願景。」21世紀，面臨全球化潮流的衝擊，身處虛無主義、文明衝突、倫理瓦解、災難痛苦等困境的人們，亟需重建心靈的故鄉。靈鷲山努力於推動持誦〈大悲咒〉、心寧靜運動，在在提醒世人，找回心的寧靜力量，隨時回歸心靈的聖山。唯有心靈和平，處處才會有天堂、淨土。

2011年，靈鷲山華嚴聖山金佛園區的建設漸具規模，金佛殿內的金佛三兄弟——成功佛、圓滿佛、平安佛——齊聚殿內，讓金佛殿不僅展現出恢弘的氣勢，也讓金佛殿更增添佛法的光輝。地球正在毀壞、社會的倫理價值也逐漸淪喪，靈鷲山的華嚴聖山是與地球的生命、人類的生存息息相關的偉大宏願。在末法的災難時代，讓我們以觀音菩薩的大悲精神發起菩提心、遍植成佛的種子，相信在心道師父的帶領與靈鷲山全球信眾的支持下，成就華嚴世界的願景，當能早日實現。

大悲・華嚴・覺有情

壹

January

月

靈鷲山鳴鐘跨百年
東北角曙光迎新年

↑ 心道師父敲響祈福鐘，祈願大眾心靈富貴、豐收吉祥。

靈鷲山為迎接民國百年的到來，心道師父在這特別的日子裡鳴鐘九響，以九大願勉勵四眾弟子為眾生祈願：「菩提心就是成佛的心，而成佛的心就是自覺覺他的心，從自覺而能夠覺他，世間上任何事事物物都要靠善緣才能夠成就，沒有善緣我們便無法成就大事，諸佛菩薩也是因為發了大願才能成就佛果。成佛就是一個圓滿的生命，不能成佛就是流浪生死，希望大家常常發願為眾生祈禱，為一切的災難祈禱，時時刻刻想到眾生，為眾生發心發願，以廣結善緣，遠離一切的惡念。」

鳴鐘祈福儀式開始，大眾虔誠專注以「爐香讚」起誦，香煙氤氳裊裊、梵唄清明嘹亮，大眾以梵聲為國家社會祝禱。心道師父點亮祈願的燈燭，僧眾從心道師父手上傳接明燈，盞盞心燈為百年祈福，更祈願深弘誓願的佛行事業能夠流傳千年。

↑ 信眾開心地敲鐘祈福。

除了無生道場的活動之外，靈鷲山與東北角暨宜蘭風管處及第一金融集團共同合作，於福隆海水浴場舉辦「2011東北角迎曙光音樂會」活動，迎接民國百年的第一道曙光；並邀請民眾上靈鷲山點燈禮佛，在百年的第一天，以「百年第一香」預約一整年的幸福。

↓山上的曙光。　　　　　　　　　　　↑海邊的曙光。

關懷貢寮雙溪地方長者
歲末聯誼歡喜迎新春

↑妙用法師頒發結緣品給念佛千萬遍的老菩薩。

靈鷲山社會福利慈善基金會長期關懷貢寮鄉與雙溪鄉獨居長者的訪視，已經是在地有口皆碑的服務。2011年1月9日，一年一度關懷老人歲末聯誼活動在福隆國小禮堂熱鬧登場，包括新北市社會局局長李麗圳、科長石桂榕、地方鄰里長及靈鷲山法師等貴賓均出席共襄盛舉。現場歡笑聲不斷，大家都在這日藉著與地方獨居長者、低收入戶家庭，及家訪志工人員歡聚一堂的短暫時光，恭聆法師親切的祝福與開示，並彼此暢談一年來精進念佛的心得，相互勉勵。

聯歡活動由小菩薩班小朋友們以熱舞開場，輕快的音樂以及稚齡的孩子，讓現場所有長者笑得合不攏嘴，跟著節奏拍著手，彷彿年輕好幾十歲。現場還有猜謎搶答、古箏琵琶等餘興節目，讓貢寮雙溪地方獨居長者體會圍爐的溫暖，歡笑喜樂溢滿心中。

除了聯歡活動，更有念佛精進獎的受獎典禮，共12人獲獎並接受表揚，分別有5位唸佛千萬遍及7位念佛百萬遍的菩薩，其中年近85歲的吳好阿嬤以念佛號5億1,917萬遍最令人讚揚。

→聯誼餐會中玩猜謎遊戲。
↘志工們歡喜服務。

妙用法師圓滿開示時提到，正在21天閉關期的心道師父雖然不能親臨會場跟大家圍爐，但還是心繫每位長者，並提前向大家拜個早年，祝福大家身體健康、福生善緣。

小菩薩們天真活潑的表演。

國雷聯誼會年度團圓
心道師父為國雷弟兄加持祈福

↑心道師父致詞,為國雷弟兄們祈福除障。

民國50年3月,中華民國政府第二次自滇緬邊區的撤軍行動,代號是「國雷演習」,大約撤了4,400多位官兵及眷屬來台。中華民國建國一百年,正是「國雷演習」撤軍來台50週年。當年來台的滇緬官兵,幾乎都已解甲歸田,他們的後代也在寶島台灣開枝散葉,但這群忠勇愛國的老兵,卻仍深深緬懷當年的袍澤情誼,於是藉著成立「國雷聯誼會」一年團圓一次,維繫珍貴的情份。當年隨著「國雷」因緣自緬甸來到台灣的心道師父,從異域孤兒、幼年兵,直到成為今日台灣的佛教界大法師,一路走來始終沒有忘卻昔日袍澤的患難情誼,而昔日袍澤及其眷屬們更把握難得的機緣,列隊恭請心道師父開示加持,心道師父也以慈悲、關愛的心情,一一為老伙伴及其眷屬們祈福除障。

這群曾經同生共死、相扶相持的袍澤,對4歲就成為孤兒的心道師父來說,就像是世間唯一的親屬,彼此之間的深厚情誼,格外令人動容。

聚會結束，同袍們攜家帶眷與心道師父合影留念。

大悲‧華嚴‧寶春媽

靈鷲山光明勝大金塔灑淨儀式
造塔功德饒益諸有情

01/17

↑鏟一土，成就舍利塔。

↑儀式圓滿，心道師父與信眾合影。

由泰國講堂信眾發起建造的「光明勝大金塔」於1月17日進行灑淨儀式。發起人高瑄瀅、庄文健、張源坤、許鉅煒、朱俊彪等人為建設聖山發心造塔，心道師父則以「小蠅繞塔成就阿羅漢因緣，發心造塔勝造七級浮屠」的故事，期勉每位發心菩薩，造塔除了傳承佛法僧三寶之外，對利生事業更是無限廣益。

發心廣揚佛行事業的泰國講堂信眾高瑄瀅師姐，與泰國講堂信眾一同認領「光明勝大金塔」，除了祈求淨除自身障礙與累積福德外，更希望此塔能饒益無邊的有情眾生，引導眾生學習離苦得樂的佛法。年初回到台灣參與華嚴閉關的高瑄瀅師姐，在14天的關期中參讀華嚴聖境，體會到華嚴菩薩的無盡菩提心，她有感而發地表示，「看到華嚴經中每位菩薩的大發心，更要以此來勉勵自己學習菩薩的精神，發心為佛法利生事業做更多的布施與精進，也希望帶動泰國更多人來學習佛法。」

灑淨儀式圓滿，心道師父讚嘆每位菩薩的發心，也以學佛成佛期勉每位發心的信眾，學習菩薩的利他行，也就是以利他來服務奉獻；學習佛陀的行善大奉獻，以離苦得樂的佛法來利益眾生，與眾生結好緣。

新建光明勝大金塔示意圖

↑ 舍利塔未來建築圖示。

寧波七塔禪寺參訪靈鷲山
兩地文化交流法緣甚深

01/20

↑大陸寧波七塔禪寺法師來山參訪。

↑心道師父在文化走廊向寧波寺法師介紹聖山建設。

寧波七塔禪寺素有「小普陀」觀音道場之稱，七塔寺可祥方丈於1月20日帶領寧波市民族宗教事務局副局長顧衛衛、寧波市民族宗教事務局處長竺安康以及寧波市東區佛教協會副秘書長賈汝臻等一行6人前來靈鷲山參訪。2010年9月由靈鷲山心道師父率領的普陀山朝聖團第一站便是前往七塔禪寺參訪，可祥法師及常住四眾熱烈歡迎與接待，讓心道師父及朝聖團員倍感溫馨。

這次可祥法師來到台灣靈鷲山為大眾開示：「無生道場的無生是諸法實相、涅槃的境界，心道師父倡導的理念，是希望眾生最終都能證到這樣的境界，而我們來到這裡也是體驗、學習這樣的境界。」

心道師父為可祥法師一行人介紹靈鷲山金佛園區與大禪堂的理念，隨後來到祖師殿頂禮，讓同為臨濟宗法脈傳承的可祥法師倍感熟悉；而在法華洞中，可祥法師仔細聆聽心道師父述說以往

↑心道師父致贈墨寶與寧波寺法師(左)結緣

斷食閉關的修行歷程後，讚嘆心道師父苦行實修的歷程在這個時代已是少有難得。

此次寧波七塔禪寺來山參訪，除了對兩地佛教文化交流有著深遠的影響，而同為臨濟宗法脈與觀音法緣的雙重因緣，也顯示靈鷲山與七塔禪寺不可言說的甚深法緣。

↑ 心道師父與寧波寺法師（左）於觀海台共賞本山風光。

世界宗教博物館十週年
福到人間特展　送福到人間

01/21~03/06

↑「福」文化代表中國傳統對於生活與生命的共同願望，是對幸福生活追求的渴望。

↑ 在祈福卡、祈福籤製作區，可以自行組合、創作屬於自己的祈福卡。

為慶祝民國百年，以及世界宗教博物館創館滿10週年，博物館在新春期間特別推出「福到人間」特展，說「福」解義，一覽「福」文化的變化萬千，看福神，集福符，體會福氣怎麼來！

「福」是華人世界最受歡迎的吉祥字符，表達對於生命、生活的共同願望，以及生活的核心價值。隨著時代演變，貼近人心的祈福願望與自然信仰、民間傳說不斷融合交雜，福神應運而生。民間流傳最廣、最具代表性的福神，當屬賜福天官；天官與祿神、壽神並列，即成為三位一體的吉祥神，也就是眾所熟知的福祿壽三仙。

「福到人間」展出多款的字畫、繡畫，以及紙錢印版等文物。所謂「圖必有意、意必吉祥」，福符巧妙地運用創意，以形聲、假借、轉注、傳說附會等手法，透過無限延伸的想像力，以及各種象徵符號，引導人們從不同的角度聯想「福」的意義，甚至注入祈願的信仰精神。

說

中國傳統上常見的「福符」元素，有最直接表達迎
福納吉心願的「福」字，或利用同音諧音的方法，將動
物裡的蝙蝠、蝴蝶、老虎等，作為紋飾圖樣代表「福」
的象徵；植物界也不遑多讓，佛手、葫蘆、百花的圖
樣，同樣細緻精巧。把寓意美好，象徵祈福、祥瑞、幸
福的圖案和文字，結合藝術與工藝，具體呈現美善的意
境，傳達出人們嚮往幸福生活的願望。

大悲‧華嚴‧覺有情

01/24~28

第十一屆青年佛門探索營
佈灑無盡菩提種

↑雨中朝山，以雨水清淨身口意、以懺悔斷除諸煩惱。

↑五天四夜多元的課程，讓學員們獲益充實。

第11屆「靈鷲山青年佛門探索營」宗旨為鼓勵高中以上的年輕人親近三寶，打開正念的生命價值觀。而最難能可貴的是，歷年來眾多學員在領受佛法的利益後，從參與者發心成為幹部，變成難得的「善種子、菩提種」。

在5天4夜的營隊課程之中，多元的課程讓青年學子們從佛門行儀的教學與演練開始，並學習生活禪、寂靜禪等禪修課程。

靈鷲山青年佛學營中「朝山」和「懺摩」的震撼體驗，往往都有意想不到的迴響。學員們透過由外而內、從身到心的禮敬與淨化，對於往昔所造諸惡業，當下生出懺悔心，虔心供養、發心迴向。

心道師父對佛營學員開示，「能來學佛是很幸運地，因為佛法難聞，人生在苦海裡，能聽聞佛法，表示生生世世有善因，有好的種子。雖然現在資訊發達，學佛不一定得自寺廟和法師，但能理解佛法的人少、實踐佛法的更少，離證悟更是遙遙無期，

→靈鷲山青年佛門探索營為
世界佈灑無數成就種子。

所以大家今天能來到靈鷲山真的很難得。
而佛法中所謂開悟的種子，就是了解世間
相，世間相就是生滅相，不生不滅是『止
觀』，讓自己的心不生滅，回到本心，心
即是道，回到自己的心，才是道。涅槃在
哪裡？就在『心』裡。生命的出口，就在
學佛、成佛。」師父期許學員們透過靈鷲
山青年佛門探索營，為未來世界轉動佈灑
無數成就的種子。

第一屆全國普仁獎頒獎典禮
心道師父籲重視品德議題

靈鷲山「普仁獎」自2003年於新北市舉行第1屆以來，迄今已滿8週年，影響力逐漸擴及全台各地，8年來，靈鷲山匯聚各界涓滴愛心，吸引社會不同階層的志工加入；累計接獲4,304件申請函，共計有1,131位品德優良的國中、小學子經初選、家訪、複選等嚴謹評選過程後，獲得5,000元獎助學金。

↑小朋友歡喜地從心道師父手中接過獎座。

持續散播希望種子的「普仁獎」已然開花結果，分別於美國紐約、台中，以及離島澎湖等地首度展開選拔。通過複選而獲獎的人數從第一屆不到50人，成長到2010年的350人，邁入民國百年，為提升社會對品德教育的重視，特由全台各地獲獎的350名國中、小學子中，選出20位為全國表揚楷模，並於2011年1月26日假中央圖書館台灣分館，舉辦第1屆「全國普仁獎」頒獎典禮。

心道師父表示，社會價值觀的混亂，讓人心容易恐慌、憂鬱，連校園也頻傳霸凌事件，所以靈鷲山持續推動「普仁獎」，希望透過廣泛參

↑靈鷲山第一屆全國「普仁獎」得獎學生及陪同師長，
在外貿協會的安排下，參觀台北國際花卉博覽會。

與、嚴謹評選的舉辦過程，讓家庭、學校、社會三方面一同關注「品德」的議題。「請大家一起攜手努力，使品德成為孩子生命中最重要的學習，讓這個社會成為內心和平、相互友愛的社會。」

心道師父並呼籲大眾以實際行動一起支持「普仁獎」，因為家庭和睦、社會和諧的基礎就在倫理，而「普仁獎」重視品德的觀念，不但是心和平的基礎，更是治療心貧窮的良藥。

大悲‧華嚴‧普賢行

貳

February

月

靈鷲山新春祈福法會
祈願眾生喜樂富貴

↓「八路財神」分灑喜糖，為大眾祈願來年富貴喜樂。

新春時節，靈鷲山從入天眼門開始，就聽聞平安鐘聲響徹雲霄；聞喜堂2樓的財神宮殿一連數天舉辦財神法會，虔誠善信於此供燈，祈請財寶天王及五姓財神護佑來年富貴喜樂，午時則有「八路財神」分灑喜糖、「牽富貴金佛的手」為眾生祈福等活動，此外，亦可行禪於心光大道上、或可歇坐於五百羅漢旁、或可鬆坦於觀海台上曬太陽，欣賞海天一線的悠遠閒適。民眾新春期間來靈鷲山，可藉由大自然的洗禮，滌淨塵勞，脫去繁忙的心情，換取一身愜意自在的法喜賦歸。

除夕當天，透過靈鷲山全球網路電視台，心道師父特別提醒全球弟子要以善心善行來面對這個充滿無常的年，心道法師說，「今年是民國百年，對台灣是一個挑戰，也是一個契機。我們怎麼樣面對這個挑戰？尤其是金融風暴的危機，過去曾經有金融風暴的危機，現在金融風暴有可能還會再來，所以如何面對這些重覆的經濟問題？我覺得還是要從善業開始做起，善業總是會帶給我們轉機跟契機。」

↑海外的信眾以電腦視訊向心道師父拜年。

→新春期間，敲響祈福鐘，祈願平安吉祥。

靈鷲山是眾生皆得發心成就的華嚴世界，也是一個禪修道場，讓自己得到心靈的安定，進而開展出佛法的慈悲智慧。2011年是靈鷲山護法會成立20週年，也是世界宗教博物館開館10週年，靈鷲山總本山已走過27個年頭，繼往開來之際，行空中佛事、作水月道場，全體僧俗圍爐，一起回顧篳路藍縷的來時路，互相提醒，也互相珍重。

「宗教，因愛而和諧，用信念淨化自己的心靈，讓信仰長伴左右，讓我們學習用善心善念來利益眾生，因為想法對了，做法就對了！」心道師父期勉大眾用正面樂觀的態度來幫助他人，利人利己，協助自己放下分別心，進而影響周遭的人事，感受知恩惜福的幸福真諦。

↑「十大行願」菩薩法師，接受大眾的表揚與肯定。

↑善財童子歡喜賀新年。

↑大眾向心道師父敬春茶，祈望新的一年甘甜好滋味。

護法會
飛越二十 普現新紀元

02/12

↑從宗風論壇開始，確立了護法的願力與傳承的方向。

↑護法信眾承諾為這片土地，持續守護、持續發心。

經過2010年，護法幹部、委員們透過有效地溝通學習與統合綜效，帶領各區會共同成長，種種的成果在2011年化作跨越「護法20」的儲備力量，帶領所有的護法菩薩飛越二十，跨向嶄新的紀元。

20年來，在所有護法信眾的努力下，不畏艱難地將「世界宗教博物館」呈現在世人面前。「世界宗教博物館」在時間的簇擁之下，已歷經了10年，護法委員們在「世界宗教博物館10週年慶晚會——心和平之夜」中，高舉分享心道師父榮譽的授勳帶，象徵著彼此的見證與祝福，也一同分享這份最高的榮譽。

這是繼護法會跨越第一個20年之後，善心能量的再度集結，共同追隨心道師父在「世界宗教博物館」開館後的三大願望行動，讓這份善的力量，猶如開山之初，為利生而邁開步伐，使觀音普門示現的新紀元，在未來的護法道路上發揚開來。

幹部四季營是護法會推動善法志業，飛越二十的前導，是讓護法組織更加凝聚、信念堅定的聚會。四季營從宗風論壇開始，再次確立護法的願力與傳承以及未來的方向；幹部們彼此交流、學習、成長，藉此匯集善心願力，為華嚴聖境的善業推動傳播給無垠眾生，同時也為護法緣脈的接續開展序幕。

↗「真心常住、善業永續」，是護法會幹部傳承的精神。
→ 飛越二十‧普現新紀元。

大悲‧華嚴‧覺有情 47

護法委員是觀音菩薩的化身
全國護法委員新春聯誼會開示

02/12

各位法師們，各位委員大德們，在不知不覺當中，護法會已經成立20年了，這一路我們就這樣走過來，也不知道自己老了沒有。看到我們這些老幹部、老委員，還有我們的生力軍，都讓人感動。這個世間就是一個苦海，所以我們跟隨佛陀學佛法，因為佛陀在兩千五百多年前，證悟成佛，祂把離苦得樂的智慧、成佛的秘訣，傳下來給了我們。佛陀的這份慈悲、願力，讓我深深感動，感恩佛陀傳下佛法，所以我才發願要把佛法傳承下去，把成佛的種子傳播下去，這樣才不會辜負佛陀留給我們的慈悲與智慧。

學佛的路有兩種，一個屬於涅槃的路，一個是成佛的路。所謂涅槃的路，就是泰國、緬甸、斯里蘭卡，這種屬於原始佛教的修行，就是追求進入涅槃。所謂的涅槃，就是以修止觀，然後證到涅槃。另一個就是願成佛，為了成就佛道，為了生生世世利益眾生，所以我們要有發願成佛的心。發願成佛的心，叫做菩提心，我們發願證入涅槃，這是菩提心的一種，是自利的菩提心。願成佛、度眾生，是利他的菩提心。

佛說：「末法時期，淨土成就」，在這個末法時代，佛法在世間流傳只有一萬年，一萬年以後就沒有佛法了，到最後只剩下「南無阿彌陀佛」，甚至最後連「南無」也沒有了，就剩「阿彌陀佛」而已。佛法在這個世間只有一萬年，所以是非常珍貴的，尤其是在佛法興盛的民主台灣，我們還可以做這些事情，如果是在別的地方，可能就不一定可以做這些事情。我們在這裡真的天時、地利、人和，讓我們可以發菩提心、行菩薩道，大家真的要珍惜，共同珍惜願成佛、度眾生的菩提心。

今生要修成涅槃，只要有願力就沒有問題，但是要修到涅槃，也是不容易。最好是從根本去發起菩提心，只要願成佛的心生起，這個成佛的種子就固定了，那麼未來一定會成佛。我們建設華嚴聖山，就是以勸發菩提心為主，每一個心願就是為了成佛，每做一個功德都是為了發願成佛，所以大家要知道我們做委員，是很難得的。社會上一些人也做了很多的公益事業，但是這些不等於菩提心，不等於願成佛的心，那只是一個善的工作。願成佛的心是非常寶貴的，只要擁有這個心，我們就是福慧雙修，以後就會福慧雙收，成就佛道。

捐獻，捐100元功德款是什麼意思？就是一個連結，人跟人的一個連結。你沒有去收這個錢，你跟他就沒有連結，你就沒有辦法服務，也沒有辦法延伸，所以100元就是一個連結，100元就是維繫我們整個的互動關係，他如果沒有捐這個錢，他對靈鷲山沒有感覺，他對你也沒有感覺，因此捐獻雖然是少少的100元，可是他對你有感覺，對靈鷲山有感覺，對整個佛法也就會有感覺。所以委員的工作是做連結的工

作，並不只是去收100元的工作，是用100元做好連結，然後延伸我們的菩薩道心，把佛法做得更好，做得更紮實。

大家跟著師父也有一、二十年了，大家要把傳承做好，要讓家裡的孩子來學佛，要把他連結好，如果沒有連結好，是滿可惜的。因為我們都愛我們的家人，既然愛我們的家人，我們就應該把這個珍貴的佛法給他們，這才是我們給家人、給小孩最好的財富，永遠用不完的財富。你們如果捨不得帶他們進來，捨不得給他們，就是對不起他們，因為沒有把這麼好的財富給他們。所以大家要鼓勵自己的孩子學佛，做好銜接整個護法會的傳承，這樣這個團隊才真的是我們的依靠，當我們家裡面有任何的婚喪喜事，大家都會去關心、照顧，「有做有保庇」。我們愛這個團隊，為這個團隊付出，也就等於給我們的家庭帶來更多的溫暖。

21世紀的社會，人們生活在網路世界的框框裡面，人跟人之間變得很冷漠，沒有溫暖。這個社會需要我們，因為我們這個團隊帶給大家溫暖，帶給大家愛心，所以這個社會有了你們真好，讓這個社會溫暖起來。大家不要覺得靈鷲山好像不是太多人，只要有善心願力，其實我們在這個社會還是有相當的份量，因為有大家的愛心，只要我們肯去推廣佛法，肯付出，把委員、會員帶好，那麼我們這個社會會越來越好。有你們大家出來承擔佛法志業，這個社會就會減少壞人；有你們大家出來，善的力量也就開展出來了。

有了佛法就會有愛心，有了佛法就是救苦救難，有了佛法，我們就是在做愛生命的服務。今年我跟我們的職工開示說，在基金會裡面，我們生命的價值，就是愛生命，唯一做的就是真心愛生命。當我們真心愛生命的時候，我們的服務就會做得

很好，當大家真的愛眾生的時候，服務就無微不至，這就是靈鷲山「以生命服務生命，以生命奉獻生命」的理念。

我們委員都是觀音菩薩的化身，大家要真的變成觀音菩薩，這個世間愈苦，愈需要大家。只要我們把自己的愛心拿出來，我們的智慧就會出來。我們去勸募會員的時候，慢慢地智慧就開了，因為我們要關心那些會員，就必須要有佛法，必須要有愛心，慢慢地我們就把愛心鞏固起來了。我們不斷地做，做到我們的愛心鞏固，我們的菩薩道就不會退轉。如果不做，只會愈來愈沒有愛心，我們愈去做，愛心就愈紮實、愈堅固。

走菩薩道這條路的時候，需要鞏固我們的愛心，鞏固我們的慈悲心，慢慢讓我們的慈悲心能夠擴張。大家對自己這個委員身分要有信心，大家愈做，愈會覺得做

為一個委員跟別人是不同的，那份愛心真的很不簡單，那份耐煩真的很不簡單，所以我們委員是很偉大地，大家要能夠持續地去做，成為佛法的大使。

2011人類共同價值對話研討會
心道師父發表演說

↑心道師父發表「宗教團體與人類衝突」演說，呼籲大眾放下自我，種下愛與和平的種子。

世界回教聯盟(Muslim World League)於2011年2月21至22日一連兩天在台舉辦「2011人類共同價值對話」研討會，身為協辦單位之一的世界宗教博物館創辦人心道師父，亦於會中歡迎來自14國；近60位的學者專家。世界回教聯盟創建於1962年，是目前回教世界中非政府組織最大的團體之一，台灣不僅參與了回教聯盟的成立，迄今仍保有創始理事的身分。世界回教聯盟於伊斯蘭世界具有「跨國」之「政府級」影響力，為聯合國A級觀察員，也是台灣聯繫回教世界的重要管道。

1999年，靈鷲山心道師父出席在南非開普敦舉辦的世界宗教大會，並宣布正在籌建世界宗教博物館，當時的世界回教聯盟理事長歐貝德聽到以後表達高度興趣，不但特地來台了解籌備狀況，並指示相關人員協助。2001年世界回教聯盟透過沙烏地阿拉伯駐台辦事處致贈宗博館23件珍貴伊斯蘭教文物，包括麥加聖地的天房黑幕等，肯定宗博館提倡宗教交流，符合伊斯蘭強調的和平、博愛精神。同年11月出席宗博館開幕，自此展開回盟與宗博

館的長久情誼；2009年世界回教聯盟在西班牙所舉辦的國際論壇會議中，特邀心道師父出席，為大會唯一佛教領袖代表。

　　民國百年，也是宗博館成立10週年，心道師父特別將十餘年來在世界各地進行跨宗教交流與對話的經驗，與世界宗教博物館「愛與和平、地球一家」的創館理念，於2月22日在國家圖書館舉辦的「2011人類共同價值對話」研討會上，發表「宗教團體與人類衝突」的演說，和世界各地的學者專家互相分享，聽眾反應熱烈，紛紛針對世界局勢及台灣社會現況提問，激盪出不少火花。

↑研討會邀請全球十多個國家的宗教代表及學者，研討信仰、文明與道德的挑戰。

　　心道師父從籌備世界宗教博物館到開館以來，一直積極展開跨宗教交流對談，尋求人類和諧生存之道，並規劃成立「世界宗教和平大學」，從教育著手體現宗教的本質與價值，讓和平的種子衍生、傳播。並籲請宗教界一起加入生命教育的推動，更鼓勵世界回教聯盟未來能在回教信仰地區建立世界宗教博物館這座和平象徵，因為唯有教育和平的重要，才有和平的未來。

　　心道師父指出，倘若在生命價值的基礎上，世界各宗教能共同面對並一起解決生命的苦難問題，便能重新建立失去已久的信任，也才能解決這時代的危機，並以宗博館從籌備到開館這十幾年來，和各宗教間的相互信賴及實質進行對話與合作為例，世界宗教博物館能與世界回教聯盟建立深厚友誼，參與許多次由回盟所主辦的盛會；尤其是回盟2008年在西班牙舉辦的「各大宗教對話國際論壇」，就是以對話來推動全球宗教相互理解、信任和合作的最佳實踐典範。

　　2011年是民國建國百年紀念，百年前人們為了自由、民主的共同信念而努力，歷經了百年的努力與轉換，如今在台灣的所有人民都得以享受甜美的果實。一百年是一個世紀的轉換，心道師父呼籲大眾，彼此真誠地放下自我，拋棄個人私利，為下個百年種下愛與和平的種子，為下一代生存的環境與生命和諧共同努力。

和諧共生 永續生存
心道師父於回盟會議致詞

02/22

主持人、遠道而來的好朋友，各位在場的貴賓、各位聽眾，大家新年好！大家吉祥！

很高興看到以宗教為主軸來關心人類價值議題的會議，能在台灣受到如此高度的重視，要感謝回盟對這個議題的關切與重視，才能讓我們聚在這裡一起討論。當然也很感謝所有促成這次會議的相關單位所做的貢獻。

這次的主題是人類共同價值對話，而我所要談的是以宗教團體與人類危機的角度來看，我認為這包括很多層面，不論是環保、生態、經濟、社會等等都存在著危機。例如最近北非突尼西亞發生的「茉莉花革命」，以及中東地區埃及、巴林的反政府示威活動，就是經濟危機和社會危機擴散成政治危機的表現。之前的海地大地震、澳洲大洪水等，都造成人們生命財產的重大損失。無論是人禍或天災，這些危機如果再不重視，將會造成人類整體生存的危機。

要解決危機，首先要知道生命永存的規則是什麼、如何遵守生命的生存法則，才能轉化危機，而「和諧共生」就是生命永續生存的法則。舉例來說，

地球上任何一個物種的滅絕，都會造成其他物種的傷害和災難，人類生存的世界也是這樣，如果任何一個種族受到傷害或滅絕，都會造成彼此生存的危機。

因此，唯有不斷促進和諧共生，才能確保彼此間生態的平衡，並化解人類危機，而這也是各宗教所共同追求的目標。每個宗教都努力追求人類的幸福，期盼透過自我宗教理念來改善社會、造福人群，然而在這過程中關懷的重點是生命，我們卻常迷失在對彼此宗教的競爭或分別上，而不是在共同的生命價值上合作與努力。

當國際性大災難發生時，各地的救援組織不會考慮國籍、信仰、膚色、性別等問題，當下信念只有一個，就是盡可能地搶救生命，因為生命價值遠超越一切有形條件。

體認生命價值，是我創立世界宗教博物館的初衷之一，在體認之後更要圓滿生命，這需要宗教間的彼此合作，因為我們共同存在於地球上，缺少了任何一塊，都不圓滿。

除此之外，這些年來，從我自身的宗教交流經驗與人類災難救援經驗發現，要圓滿生命共存共榮的使命，促進人類相互尊重與包容，還要靠彼此之間的對話，就如同世界宗教博物館裡所展示的文物，若沒有與各宗教間的積極對話、交流，我們也不知該如何呈現，讓不同宗教的美善相互輝映，成就圓滿的世界。

對話讓我們看見他人的需要，而以他人的需要與方式進行對話，不以自我本位來同一萬物，這是一種無我的尊重，也是世界宗教博物館的理念之一。有了無我的

大悲・華嚴・覺有情

心道師父於2011年回盟會議致詞，與會者專注聆聽。

尊重之後，便能接受彼此之間的差異，包容每一個存在於世的族群，不傷害任一族群而彼此共生。最後則是能以慈悲一切眾生的心情，與在地球上的一切人、事、物和諧共生。

時代危機的發生都有一個共同點，就是發自人心種種欲求所產生的問題，這些貪欲放到人與人之間或人與社會團體之間，就會產生與他人的對立和不信賴。

私欲產生競爭與對立，因而彼此懷疑、猜忌，為了自我最大利益而作出傷害對方的行為，卻沒有發現短暫的物質享受，可能帶來整體環境的迫害，乃至於人類生存的危機。

人的起心動念會影響事物發展，不信任的動機，就會造就不信任的流轉，與全球的惡性循環。因此，若要解決這時代宗教團體與人類的危機，或者說宗教團體如何化解人類的危機，首先宗教團體要相互合作，啟發人心的良善動機，化解人類的信賴危機，進而拯救人類帶給地球的不平安。

假使我們在生命價值的基礎上，與其他宗教共同面對、解決生命的苦難問題，便能重新建立失去已久的信任，也才能解決這時代宗教紛爭與人類危機。舉例來說，如果沒有過去十幾年的相互信賴和實質的對話與合作，今天我也不可能獲得與回盟所建立的深厚友誼而受到邀請，參與許多次由回盟所主辦的盛會。尤其是回盟2008年在西班牙舉辦的「各大宗教對話國際論壇」，就是以對話來推動全球宗教相互理解、信任與合作的最佳實踐典範。

因為信任，所以能產生共同的信念，如同今日的聚會，我們共同相信對話可以

解決危機，為人類和平帶來希望的曙光，所以我們願意彼此真誠地放下自我，拋棄個人私利，為我們與下一代生存的環境與生命和諧共同努力。

記得2010年我受邀去拉達克參與回佛對話，那裡也是存在著宗教間的衝突，我對他們說，拉達克已經是一個經濟條件艱困的地方了，若彼此之間還為了自我的利益而戰爭衝突，只會加深所有人生活與生命的痛苦而已。唯有合作，才能創造彼此共存的最大利益，也唯有多元宗教的美好，才能富饒拉達克當地，讓這裡成為生命的天堂。

2011年是台灣建國百年紀念，百年前，人們為了自由、民主的共同信念而努力，歷經了百年的努力與轉換，如今在台灣我們得以享受甜美的果實。百年是一個世紀的轉換，我們享受前人愛心種下的果實，今日也該如此，為了下一代、下個百年，我們也該種下愛與和平的種子，讓後人得以生活在幸福的世代中。

2011年也是世界宗教博物館開館10週年，回憶10年前回盟對世界宗教博物館所提供的文物以及對伊斯蘭教義的指導，真的由衷感謝，期盼未來能與回盟有更緊密的交流與合作，也祝福這次會議能為人類共同價值做出最大的貢獻，共同發揚尊重、包容、博愛的理念，為和諧共生而共同努力。

謝謝大家，感恩！

宗博館迎春祈福茶會
祈願創造愛與和平新未來

↓心道師父以虔敬的心，為台灣及全球住民祈福。

↑與會貴賓共同簽署和平主禱文。

民國百年是一個創造歷史的關鍵契機，也是見證歷史的分享時刻。10年前，在創辦人心道師父「宗教和平，世界才有和平；心和平，世界就和平」的信念驅動下，孕育出全球唯一一座世界宗教博物館。心道師父指出，每個宗教都有其戒律，提供心靈依循的方向，在社會上具有強化倫理道德的原動力。生命教育從宗教智慧導入，教孩子體認自己的生命價值，學會為自己的生命負責。

心道師父感謝大家因「愛與和平地球家」的相同理念而聚首，適逢建國百年，也是世界宗教博物館成立滿10週年，雙十象徵生命的圓，讓心有了重生的機會，回歸宇宙最原初的真心與和諧，期待匯聚一念萬千的真心祈福力量，能在大家的心中燃起和平燈，無分別地溫暖世界上每一個人。

世界宗教大會理事會（CPWR）主席霍爾·索金曾推崇世界宗教博物館是在千禧年初獻給世界最好的和平禮物。面對來自

各界的期許，宗博館一直秉持著「愛是我們共同的真理；和平是我們永恆的渴望」的信念，一步一腳印地推廣生命教育，呈現精緻深度的展覽饗宴，不僅廣獲政府各級機關授獎肯定，10年來全國各地更有超過30萬人次的師生前來參觀。而心道師父繞著地球跑，不間斷地推動跨宗教交流與對話，讓世界宗教博物館成為前所未有的宗教互動平台；也特別在每年新春舉辦點燈祈福茶會，希望藉

此凝聚發揮各宗教的愛心與慈悲，安定人心的紛亂，成為社會的一股清流。

　　最後，13位各宗教代表分別以虔敬的宗教禱詞或優美的吟頌詠唱，為台灣及全球住民祈福，祈願在新的一年裡，眾人彼此以禮相待；以尊重、包容、博愛的精神，創造新世紀的人本新境界，使和諧永臨人們的生活，共同為下一代預備美好的將來。

各界宗教代表們齊聚一堂，祈願愛與和平的將來。

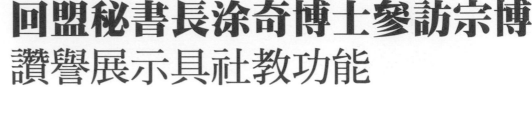

02/23

回盟秘書長涂奇博士參訪宗博
讚譽展示具社教功能

↑涂奇博士（左）盛讚宗博館的規畫，並承諾未來將
　提供更多伊斯蘭文物以豐富展設。

曾贈予世界宗教博物館多項珍貴文物，並合作「回佛對談」系列論壇的世界回教聯盟（Muslim World League）秘書長涂奇博士（H. E. Dr. Abdullah bin Abdul Mohsin Al-Turki）於23日率團參訪宗博館，隨團成員有沙烏地電視台、Al-Majd電視台、沙新社等多位媒體記者。涂奇博士盛讚宗博館展設規劃具備獨特的社教與傳播功能，另以回盟50週年的紀念品贈予心道師父留作紀念。未來將持續與宗博館合作，提供更多伊斯蘭文物，讓宗博館展覽品更多元豐富。

心道師父向涂奇博士提及希望能獲回盟的支持，協助在更多地方展開回佛對談，播撒和平種子。涂奇博士則予以正面回應，肯定心道師父以國際行腳持續推動宗教對話的努力，也大力讚賞宗博館獨具的文化社教與媒體傳播功能，引領世人對各宗教的根源與發展都能有更正面的理解。

↑世界回教聯盟秘書長涂奇博士率團參訪宗博館,期許共同為和平理念合作。

港澳小學校長團生命教育交流
肯定宗博尊重包容博愛理念

世界宗教博物館是全世界第一座以「生命教育」情境體驗為展示內涵的博物館，自開館以來，即以推廣生命教育為職志，備受各級學校好評，也成為校外另一處體會「尊重‧包容‧博愛」的學習場域。在教育部生命教育學習網計畫共同主持人紀潔芳教授的推薦下，近3年來更吸引了港、澳、大陸地區近70所的中小學校長、老師專程組團到台灣參訪世界宗教博物館。

繼2010年12月港澳地區中學校長團來訪宗博館後，負責協助香港小學規劃生命教育課程的香港教育學院，帶領第二批來自港、澳、福建等地20所小學近50位的校長、主任，於2月26日到宗博館進行生命教育交流之旅。負責香港教育局委辦的「協助小學規劃生命教育計畫」的何榮漢博士表示，期望世界宗教博物館能在華人社會中推廣，讓每個人都能來參觀。

↑「協助小學生命教育計劃」團長何榮漢博士(左5)與高幕蓮博士(左2)
與同行7所香港小學校長、24位主任來宗博館觀摩交流。

大作

人悲・華嚴・覺有情

港澳小學校長團參訪世界宗教博物館。

March

月

日本311大地震

心道師父呼籲全球佛子
度世安身 持誦〈大悲咒〉

全球災異不斷，繼印尼之後，雲南、紐西蘭相繼發生大地震，日本亦於3月11日下午發生規模9級的巨震，造成重大災難。2011年開春至今，全球接二連三發生重大災禍，天災如此頻繁，絕不會是單一地區的問題，任一地區所發生的危機都有可能會造成人類整體生存的危機。心道師父表示，黃金救援的72小時後，心靈救援應該即刻展開，宗教關懷正是心靈救援的方式之一。不只是有形的物資捐助，每個人都可以發起一份大悲心祈禱祝願，令猝死的罹難者，及劫後餘生的倖存者都能得到安寧與撫慰。師父呼籲全球佛子響應「度世安身‧持誦〈大悲咒〉」，並於靈鷲山各地講堂、分會發起持誦百萬〈大悲咒〉，將持誦〈大悲咒〉這份自利利他的慈悲功德迴向與地球災民。

心道師父並指示靈鷲山慈善基金會配合中華民國外交部救濟日本專案，發動全台各地講堂、分會信眾捐輸各類物資，並將物資託予外交部統一調度送往各災區應急。心道師父同時號召全球弟子以戒慎虔誠，響應政府賑災，並以「斷食一餐或捐出一日所

↑外交部感謝靈鷲山響應送愛心到日本，充分展現國人送暖互助的人道精神。

得」，盡一己之力，伸出援手，祈願日本
受難民眾及時脫困，早日重建家園。靈鷲
山慈善基金會於3月15日募集4貨櫃包括
5,000箱(約12萬盒)的米以及多種禦寒衣物
和食品罐頭（市值逾新台幣6百萬元），送
達外交部統一調度送往各災區應急。外交
部常務次長沈斯淳以及NGO委員會副主委
吳榮泉，當天特別代表外交部感謝靈鷲山
與國內民間團體響應送愛心到日本，充分
展現國人送暖互助的人道精神。

→心道師父慈悲合掌，祈願善業循環，和平永續。

第九屆宗教文學獎頒獎典禮
師父期許文化界為文明喉舌

↑心道師父說，世界需要覺醒力，才能翻盤，才有轉機，文學正具備為文明喉舌的力量。

第9屆宗教文學獎頒獎典禮3月12日下午於市長官邸藝文沙龍舉行，除了短篇小說、新詩兩組共6位受獎人及其親友的歡喜蒞臨外，更有數十位藝文界人士前來共襄盛舉。創辦人心道師父在致詞之初先領全場來賓為日本大震受災者默禱1分鐘，並表示「世界需要覺醒力，才能翻盤，才有轉機」。

由財團法人靈鷲山佛教基金會、世界宗教博物館、聯合報副刊、聯合新聞網共同主辦的宗教文學獎，自開辦以來，吸引了各路好手出筆，獎勵了許多佳文妙詩。在大大小小的文學獎中，宗教文學獎一路走來漸日舉足輕重，本期以「喜歡生命，聆聽寂靜」為徵文主題，邀集文學創作者，一起來詮釋不同宗教所追求的普世關懷及生命價值，與心道師父創辦世界宗教博物館的宗旨「尊重、包容、博愛」如出一轍，涵納世界各大宗教的文化理念和精神。

典禮主持人作家許悔之從「老牛之家」的片子說起，提出佛家主張「眾生平等」的基本理念，「喜歡生命、讚嘆生命、幫助

生命」正是心道師父與靈鷲山創辦世界宗教博物館及舉辦宗教文學獎的出發點。

心道師父指出，宗教文學獎的創辦與世界宗教博物館的成立同源於「尊重‧包容‧博愛」的理念，而今也一起陪伴台灣人走過10個年頭。現今時代環境快速翻滾中，傳統文化不斷被沖刷，道德價值都在流失。世界需要「覺醒力」，才能翻盤，才有轉機。文化界作為資訊內容的提供者，作為文明的

喉舌，扮演著重要的角色。而宗教是人類靈性活動的母體，是文化的沃土，宗教與文化有深層的臍帶關係。

聯合報社長胡立台也推崇宗教文學獎，並指出在關懷生命、幫助生命上，宗教文學獎讓聯合報發揮為大眾服務的功能。他尤其感佩心道師父的卓見，也希望歷屆宗教文學獎的作品都能陸續出書，讓全世界華人都能閱讀，發揮更大的影響力。

心道師父希望藉由宗教與文化的深層交流，喚醒人們正念的價值觀。

心道師父北京弘法
兩岸宗教交流密切

↑心道師父與中國國家宗教局副局長齊曉飛(右)會晤。

心道師父為感謝各方協助促成普陀山普濟寺的毗盧觀音重鑄分尊於5月26日來台,特別在5月14日率領靈鷲山常住法師前往拜會中國國家宗教局,副局長齊曉飛欣見毗盧觀音來台對兩岸宗教交流的重大意義,心道師父也誠摯邀約國宗局一同參與這場盛會,見證兩岸的宗教交流愈趨實質密切。14日中午則由國家宗教局王作安局長設宴接待心道師父一行人,雙方就兩岸的宗教、文化交流互換意見。

心道師父一行並前往廣濟寺拜會中國佛教協會會長傳印長老,傳印長老說,「回想起當年參與宗博館開館,很是感佩宗博所傳遞的宗教普世的價值,而心道法師的實修實證也讓我很敬佩!」心道師父回應,「宗博今年已邁向10年,因為有大家的支持,才能有今天的宗博,在此邀約長老來為宗博加油與祝福,也感謝佛教協會長年來對兩岸宗教交流的協助。」

↓心道師父一行赴國宗局感謝協助與支持，讓毗盧觀音分尊能夠安抵台灣，造福人民。

　　心道師父北京弘法行，為5月毗盧
觀音來台與11月宗博館慶活動兩項跨宗
教盛會，帶出宗教界與社會接軌的慈悲
關懷，亦同時為災難頻傳的世界帶來祈
禱與希望。

↑心道師父親自邀請傳印長老（右）出席宗博館十週年館慶，期待長老再
　度給予祝福與指導。

↑心道師父致贈墨寶予宗教事務局王作安局長（左）。

尋回正念的心性
心道師父接受飛碟電台專訪

03/15

近來日本跟全球各地發生的災難，並非無因而起，事出都有它的原因，所以才會有這些壞的狀況出現。什麼原因會引發災難？我們要反省地球到底生了什麼病，有病不一定就是壞事，但是我們要知道怎麼治療，我們要去找好的醫生，做好的治療，地球的病終究會好的。如果我們看不到地球的病因，又不做治療，當然會出狀況。人生病都有其起因，像肝癌有肝癌的起因、肺癌有肺癌的起因，地球生病的起因是什麼？因為核能的試爆，造成地殼的變動，還有像SARS、禽流感的傳染，都是對地球相當大的破壞，這些都是我們人為製造出來的。就像癌症初期、二期，可能還有救，如果已經到末期，那就難救了。所以，地球的病如果再不治療，就變成末期了，治療就會變得很困難。

重要的是我們怎麼去看到問題、怎麼面對災難、處理災難？這些都值得我們去省思。最根本的原因，就是我們的人心生病了。我們對地球的破壞總是從貪心而來，或是從對立關係的瞋心而來，或是我們的無知，迷失了叫癡，所以在貪瞋癡裡面，我們

對地球做了很多的破壞。面對全球災難的發生，就是要找到安心之道。怎麼安心？還是要找回信仰，找回自己，我們用信仰安心，用信仰來展現我們的慈善、慈悲。我們希望「心和平，世界就和平」的觀念能夠傳遞出去，讓我們的心回到原點，讓我們的心回到和諧，依循我們的信仰，找回我們傳統的倫理道德，然後止惡行善，諸惡莫作、眾善奉行。

不管從科學的角度，或是看整個地球的實際狀況，我們知道地球已經生病、不健康，就像人感冒生病一樣，我們應該吃什麼藥來讓地球回復健康？就要用善業的藥來轉化。《大悲心陀羅尼經》裡提到，在末法時，〈大悲咒〉是最有用的一個咒，我們能藉由諸佛菩薩的力量，來讓這個世界變得更好。人的力量是很渺小的，依恃諸佛菩薩廣大弘深的願力，是我們唯一的路。所以，從我們的心開始

←面對全球災難的發生，就是要找到安心之
　道。信仰能讓我們找回自己，回到心的原
　點。讓心和平，世界就和平。

做起，從改變人心開始做起。〈大悲咒〉傳達的就是觀世音菩薩救苦救難的訊息，也是消災弭難的訊息，這是佛的經典說地。所以，不是準不準的問題，而是信不信的問題，信則有之，不信就沒有了。希望我們一起來念〈大悲咒〉，相信〈大悲咒〉的廣大靈感力量，地球暖化、災異不斷的現象就有轉機。

　　災難既然發生了，我們就要避災，方法就是從我們的心去轉。台灣的宗教多在做推廣善業的工作，如果每個人都往這個方向走，惡才能消弭，以惡止惡只有破壞。佛法講「共業」，共業就是我們共同做了很多惡業的時候，我們的生活就會呈現惡的環境跟人事物，在這樣的環境裡

面，我們如果不知道反省，就會面臨毀滅。惡跟惡會相應，善跟善會相應。我們要能夠懂得反省，知道轉惡的心、轉惡的事變成善；如果我們不懂得去轉，就會變成對立關係，對立就不可能和平。

　　在災難不斷的末法時代，我們還是要從信仰層面找回信心，所以要多念〈大悲咒〉，希望大家共同來念〈大悲咒〉，迴向世界的和平、安定，災難消除。尤其這個時代發展迅速，導致人們價值觀的動搖，把價值觀找回來，對地球的安定將有莫大的幫助。

肆

April

月

04/06~05/29

不是看我
心道師父與一行禪師書法聯展

↑心道師父揮毫題「光明」二字，「一切境界，都是心的光明。」

↑心道師父為在場大眾解釋「一心」墨寶，洞見禪機，別樹一幟。

「不是看我」是一場非書法家的書法聯展。曾孤身於巖洞墳塚苦行，後來開創世界宗教博物館，行腳世界的心道師父；與來自動亂的越南，卻於歐美備受尊崇的一行禪師，在世界宗教博物館共同舉辦「不是看我」禪書法聯展。

為慶祝世界宗教博物館開館10週年，一行禪師特地寫了一系列「聆聽：Deep Listening」法語墨寶，並且邀約心道師父聯展，心道師父也獻出書法首展。

一行禪師的禪書法是結合東方禪意與西方思維，用毛筆書寫中英文字句；而心道師父的書法則拙趣天真。兩位當代禪師，雖師承不同，但是法脈皆是臨濟宗傳承，其最終傳達出「發現真正的自我，面對自己真正的本心」的禪思，亦是一致無二。

心道師父表示，「禪即是心，禪修就是找心。當找回那不沾染的心後，便看見那本來面目。」心道師父並指出，禪書法聯展是用書法、禪語話頭來啟發觀眾反思；從寧靜讓心和平，心和平

世界就和平，多一分寧靜和諧，就少一分造業起惑。一行禪師與心道師父兩位慈悲自在的出家人，在生活化的情境中隨機開示，適時地在世紀災難、同體大悲的氛圍中，為社會帶來寧靜的力量。

大悲・華嚴・覺有情

靈性的撞擊
全球寧靜行腳首站——慕尼黑

↑心道師父示範跑香，跑香意義在於訓練定境、長養威儀。

↑心道師父於研討會中發表「中國禪宗的社會責任」。

2011年4月8至10日，由德國慕尼黑大學宗教系主任Michael Von Brück所主辦的禪修課程，一連3天於寧芬堡（Nymphenburg）舉行，並特別邀請心道師父教授禪修。

慕尼黑大學宗教系教授Michael Von Brück曾於2007年邀請心道師父前往德國參加研討會，心道師父當時的演講主題為「禪修與科學」，引起與會科學家、醫生與德國禪修大師的熱烈回應。當年回佛對談的因緣，讓科學與靈性的互動激起生命的火花，也促成了此次心道師父前往德國慕尼黑教授禪修的緣起。

心道師父先於4月7日發表一篇名為「中國禪宗的社會責任」的演講，講述禪宗的歷史源流；並於4月8日起開始3天的禪修教授。許多學員從未有禪修的經驗，跟隨心道師父一個步驟、一個步驟地教學、引導，從坐禪的七支坐法基礎開始，學習九分禪的四步驟。一位天主教學員分享說，「以前曾經聽說要藉由別的宗教才會更了解自己的宗教，不可思議的是，心道師父的教授真的讓我更了解天主教！」

↑ 在身體每一個動作當中，以肢體的一舉
一動來喚起明覺。

此次禪修課程帶給學員們一份自我靈性的撞擊，也在此快速
紛亂的資訊時代，找到一份平靜寧心的良藥。回歸自心的「寂靜
修」禪法，從台灣擴展到全球，心道師父的全球寧靜行腳由德國
出發，寧靜全世界。

大悲・華嚴・覺有情

83

妙善法緣的綿延
全球寧靜行腳第二站—普陀山

05/18

↑心道師父親授寂靜修及行禪，百餘位弟子把握難得
的機緣，享受禪修的寧靜與菩薩慈悲的磁場。

2010年9月，心道師父前往普陀山與普濟寺方丈道慈長老偕談重鑄毗盧觀音來台一事，得獲長老支持，並於普濟寺供千僧大典中，隆重舉行迎請毗盧觀音的「供袈裟」儀式。事隔半年，2011年5月15日才圓滿21天關期的心道師父，於17日風塵僕僕前往浙江普陀山，從四面八方集而來的朝聖團，在心道師父的帶領下，朝聖的第一站來到南海觀音，朝聖團以整齊排列的隊伍，繞著南海觀音虔誠念佛；繞佛圓滿，心道師父帶領信眾稱念皈依文，在南海觀音的見證下，地脈相連的觀音法統，從浙江普陀山綿延到靈鷲山，更顯善妙法緣。

普陀山朝聖，「不肯去觀音院」是最主要的行程之一，來此拜訪駐守千年的觀音菩薩，讓人深感因緣的甚深微妙；潮音洞與梵音洞則是菩薩示現的殊勝寶地，讓人對菩薩的靈感充滿信心。18日當晚，心道師父於普濟寺的圓通大殿，教授弟子們寂靜修禪法。心道師父開示，「我們的禪修是從觀音菩薩的耳根圓通學習起，這也是我在墳場將近10年的時間，所修得領悟的寂靜修法

←心道師父於普濟寺圓通大殿，教授寂靜修禪法。

門，從聽寂靜進入我們的心性，從心性來
開發我們的智慧，以寂靜來做我們的心，
以慈悲開發我們的菩提心，所以我們跟祂
學習耳根圓通的禪修法，把我們的心找回
來、把我們的佛性找回來，也把我們的覺
性呈現出來。」

　　莊嚴肅穆的毗盧觀音高坐在上，心道
師父於殿中親授寂靜修口訣，百餘位朝聖
弟子把握百年難得的機緣，享受禪修的寧
靜與菩薩慈悲的磁場，心道師父勉勵大眾
學習菩薩慈悲的大願，修習成就無上的佛
果，在殊勝的觀音菩薩道場，好好地發願
——「願成佛、度眾生」，以禪修明心見
性，開發永恆不滅的心性，以菩提心作為
慈悲的呈現，讓每個人都能成為別人的菩
薩，讓眾生都能找到自己本來的面目。

做觀音菩薩的使者
全球寧靜行腳第三站—新加坡

↑靈鷲山宗風「慈悲與禪」，由清淨的善緣中，長養禪定的智慧。

↑大眾把握住每一刻上師帶領禪修的機會，個個精勤不懈、認真坐禪。

2009年，心道師父在新加坡及馬來西亞弟子們的祈請之下，已連續兩年於新加坡啟建水陸空大法會，法會匯聚了新、馬一帶許多恆求佛法、發菩提心、行菩薩道的弟子，除了積極參與水陸法會、發心懺悔廣施六道外，弟子們對於心道師父修持的觀音法門與寂靜禪修，更是希望能親身由上師處獲得加持傳授，其求法若渴的誠心發願，終於牽成上師前往新加坡弘化佛法的傳承機緣。

2011年6月5日，心道師父於新加坡義安文化中心傳授〈大悲咒〉與平安禪。當日上午的〈大悲咒〉共修，現場善信聽聞觀音〈大悲咒〉的法音，以清涼的甘露法語，洗滌內心的塵穢垢染，在體悟觀音的甚深行願中，流下感動的淚水。下午的平安禪教授，心道師父從禪坐姿勢教學開始，一步步帶領信眾進入禪修的喜樂之中，而行禪的慢活體驗，更是帶給平時生活在快速忙碌中的新、馬弟子們，一次難得的生命經驗。

←心道師父帶領大眾行禪，沉澱煩惱、覺知當下。

　　心道師父也期勉新、馬弟子要發願成為觀音的傳承，「觀音菩薩的兩個法門，一個叫做禪，一個叫做慈悲。所以我們學觀音菩薩，第一個學的就是用耳根聆聽，從寂靜裡面去聽，讓心能夠開悟；第二個就是觀音菩薩的大慈大悲、救苦救難、大菩提心。我們在生活中用明白去守護我們的心，做慈悲眾生、利益眾生的事，禪跟慈悲同時做，大家就是觀音菩薩的使者，更是觀音菩薩的化身。」

大悲・華嚴・覺有情

福隆國際沙雕藝術季
心道師父主持祈福灑淨儀式

↑ 心道師父為福隆沙雕活動進行灑淨儀式。

↑ 日籍藝術家以雕刻有「謝謝台灣」的沙雕作品，感謝台灣對日本受災人民的關懷。

2011年夏季，台灣東北角最令人期待的國際節慶盛會「福隆國際沙雕藝術季——黃金沙城」於5月1日至6月30日期間開展。東北角風管處為了讓來到福隆海域的民眾能夠快樂平安，特於4月16日上午禮請心道師父親臨沙雕展並主持「造佛開雕祈福灑淨」儀式。東北角風管處處長林坤源率領副處長劉士銘、貢寮區區長徐溪祥、福隆里里長吳憲彰等嘉賓也到場共襄盛舉。福隆沙灘上滿滿人潮，每人手捧一沙，齊心合力與心道師父堆起一尊大型的「多羅觀音」，用造佛功德為自己、為家人祈求福慧具足，也祈願多羅觀音護佑福隆沙灘海域平安順遂，讓美麗的黃金沙灘永續發光。

為迎接百年難得的盛會以及慶祝世界宗教博物館開館10週年，靈鷲山佛教教團隆重舉行一系列活動與慶典，除了結合東北角風管處與福隆當地周邊活動，更將「中國浙江普陀山」再現福隆沙雕季現場，心道師父也為「多羅觀音」加持祈福，讓人人皆能得法受益。

大悲・華嚴・覺有情

慈悲善愛本無國界，此次來台創作的日籍藝術家保坂俊彥，以台日融合的沙雕作品表達對台灣的感謝，而心道師父也於雕刻有「謝謝台灣」的沙雕作品前合十祝禱，表達對日本人民的關懷。

心道師父在多羅觀音沙雕前致詞，祈願觀音護佑眾生平安。

體悟生命的覺知
國際交換學生宗教體驗營

↑法師帶領學生朝禮多羅觀音。

「靈鷲山國際交換學生宗教體驗營」2011年已邁入第3年，每年的4月，靈鷲山上彷若地球村，各國的青年學生初次體驗佛教道場生活，為平凡的生命帶來不凡的體驗。國際青年們從「茶禪」中，體驗中國茶道文化，學習謙恭有禮的儀態；在「朝山」中，體驗身體力行的修行實踐；從「佛門行儀」中，學習佛教的細行威儀，每個課程都讓國際學生眼睛為之一亮，樂在其中。

心道師父特別在16日這天，與國際青年們互動，學子們提問踴躍，「為什麼要吃素」、「為什麼要出家」、「世界是否會末日」，心道師父一一與學子們問答互動，讓學子們感受到佛法的智慧，也體驗到另一種生命的覺知。

心道師父勉勵這群活潑熱情的青年學子們，「這個世界就是一個家庭，只要一個地方發生災難，我們都會受影響，因為我們同樣是人、同樣是生命，我們的心都在一起，所以我們各國來的兄弟姐妹們，彼此要互相學習、互相分享，年輕的一代要一起創造更和平、更可愛、更快樂的地球。」

全體學員與心道師父開心合影。

伍

月

May

愛與和平的交流
05/03 | ## 外國使節夫人參訪宗博館

「台北市迎新會」（Welcome to Taipei International Club）成員於5月3日參訪世界宗教博物館。「台北市迎新會」國際婦女社團，由外交部駐華使節眷屬或代表夫人們所組成，成員來自薩爾瓦多、澳大利亞、墨西哥、貝里斯、奧地利、索羅門等各國。

→象徵慈愛的瓜達魯佩聖母(La Virgen de Guadalupe)，是墨西哥人民心靈的力量。

迎新會成員首先參觀7樓心道師父和一行禪師的「不是看我」禪書法聯展，品味這場心與心的對話；接著感受《墨西哥瓦曼特拉——聖母‧聖像‧花毯》特展藝術文化之美，及人類追求愛與和平的終極渴望，並於參觀後分享對花毯藝術的欣賞，及各宗教內涵的核心精神。這群國際人士的造訪，再次肯定世界宗教博物館長期致力於促進不同宗教互相交流、對話，以及搭起宗教交流平台的努力。

↑ 各國使節夫人一行來館參訪。

多元宗教相知共榮
台灣聖公會肯定宗博宗教交流

05/12

　　台灣聖公會賴榮信主教及其教友等一行人，專程到全球唯一的世界宗教博物館參觀，除深入了解博物館10年的開館歷程，看到不同宗教、文化、種族如何在這宗教平台增進對彼此的認識，也拉近距離。此行同時參觀了開展後佳評如潮的「墨西哥——瓦曼特拉聖母‧聖像‧花毯」特展，賴榮信主教特地致贈「子彈十字架」以及猶太教經文的「舊新約聖經」，作為世界宗教博物館10週年祝賀展展品，為這趟愛與和平的心靈之旅帶來溫暖沁人的美好。世界宗教博物館跨宗教交流與對話的平台，提供世人一個改變心境的場域，肯定生命價值的所在，讓心靈能受讚美，讓信仰得以依靠。

↑台灣聖公會教友參觀宗博館。

Alfombras y Tapetes de Huamantla
墨西哥·瓦曼特拉
聖母 聖像花毯
Huamantla's Flower & Sawdust

↑台灣聖公會教友讚頌宗博館能將自己心靈的多元能量，轉化為寬容慈愛的宇宙能量。

禮讚生命價值
全球熱愛生命獎得主參訪宗博

05/27

↑生命獎得主(右)巧遇世界宗教博物館創辦人心道師父(左1)，以及普陀山普濟寺道慈長老，觀音的慈悲與生命的毅力相遇，頓時迸出燦爛的花火。

多年來在推動公益活動不遺餘力的周大觀文教基金會，特別安排第14屆全球熱愛生命獎得主參觀以「尊重、包容、博愛」精神持續推廣生命教育的世界宗教博物館。

本屆全球熱愛生命獎得主之一的美國「無腿英雄」史賓瑟・維斯特（Spencer West）參觀世界宗教博物館時，頻頻對館內展設蘊涵的寰宇概念讚歎「Amazing !」 他認為，這是一個可以看到人們如何「讚美生命、享受生命、瞭解生命價值」的地方，尤其每個人都有各自獨特的生命故事，相互分享的同時也能從彼此身上學到很多。史賓瑟表示，「任何人都能回饋社會」，希望大家都能勇於面對生活中的挑戰，而這些跨越生命與環境限制的故事，將會是最感動人心的生命見證。

→生命獎得主與家人一同參訪宗博館，象徵生命價值的教育，意義非凡。

　　周大觀文教基金會創辦人周進華在致詞時也提到，在台灣致力於推動生命教育的世界宗教博物館，是除了故宮博物院之外的必訪之地，希望所有的國際朋友都能來此獲得內在的力量。

　　世界宗教博物館歷年來舉辦各式生命教育研習營與夏令營，並於2009年成立生命教育中心，即是希望生命教育能從小紮根，讓更多學校、教師或社會團體能深入運用世界宗教博物館資源，使生命教育不再只是口號，而能於生活中實踐，如同世界宗教博物館創辦人心道師父所說，「昇華生命價值，才能讓生命安住」，讓來館參訪的朋友從中感受到溫暖與愛。

→生命勇士參訪世界宗教博物館，生命與生命的共鳴，見證真實光明的人生。

會說故事的博物館
浙江省文化代表團盛讚宗博

05/31

↑浙江省文化代表團讚賞宗博館是個「會說
故事的博物館」。

浙江文化廳廳長，同時也是浙江省文化藝術交流促進會會長楊建新帶領浙江省文化代表團一行人，至全球唯一的世界宗教博物館進行參觀訪問。浙江省博物館館長陳浩表示，「久聞博物館界人士曾說過台灣有個世界宗教博物館極具特色，不容錯過，這座『會說故事的博物館』值得一看再看。很高興在華人地區裡有一個以宗教為主題且提倡尊重、包容、博愛的博物館，將全世界的主要宗教用博物館的語言，以及博物館的展示手法，讓台灣本地民眾，與來自大陸、全世界的觀眾都能了解世界各地的宗教，實在了不起！」

楊建新認為，世界宗教博物館所要表達的不只是十大宗教的展示，同時也希望將其中富含的互相包容精神，推向全台灣，進而將和平、尊重、博愛影響到全世界。楊建新並說，返回大陸後一定會多向地方鄉親推薦「一生肯定要來世界宗教博物館參觀一次！」感受不同宗教間對話的方式，為建立愛與和平的全球人文而攜手努力。

↑浙江文化代表團一行人與宗博館館長江韶瑩(右3)合照，肯定宗博對宗教文化交流的用心。

香港中學校長教師團訪宗博
吸取推廣生命教育經驗

06/14

香港中文大學香港教育研究所「中學規劃生命教育課程與計畫」統籌及執行主任關俊棠神父,帶領15所中學校長及教師約25人至世界宗教博物館,展開生命教育交流之旅。

校長、教師們在參觀之後表示,透過世界宗教博物館,讓存在於網路世界的人們,了解生命真正的存在價值與意義;而宗博館生命教育向下紮根的「基本功」,更是直指人心,喚醒了這份體悟。

積極在各級學校推動生命教育的香港教育領域官、學兩界,將台灣生命教育的推展經驗,帶回香港作為生命教育工作的借鏡,也以宗博館作為優化生命教育的標榜。

↑宗博館生命教育中心期許能連結台灣、香港、澳門三地,成為生命教育交流網。

二十二 結語

實踐「庫工之網」的三種情懷

生命教育深耕分享：生命教育的意義在
於，發現自己擁有的那份禮物，並且學習
如何把這份禮物跟別人分享。

靈鷲山、宗博館與山東泰山
簽署文化交流合作協議

05/04

↑兩岸簽署文化交流合作協議，締結妙善因緣。

山東省泰山風景名勝區管理委員會與靈鷲山、世界宗教博物館於5月4日簽署文化交流合作協議，締結兩岸宗教文化、藝術交流的妙善因緣，肯定世界宗教博物館開館10年來的用心，及靈鷲山開山住持心道師父多年致力推動於宗教和諧而奔走於國際間的衲旅足跡。

山東省泰山風景名勝區管理委員會譚業剛主任表示，以山東省泰山為平台，未來將把靈鷲山及世界宗教博物館介紹給廣大的內地民眾，促進兩岸展開更深刻而美好的互動，把最好的文化遺

→山東泰山風管會一行參觀世界宗教博物館。
↘靈鷲山佛教基金會執行長常存法師與譚業剛
　主任相互致贈賀禮。

跡留給子孫，並為發揚中華文化，向前推進
一大步。

　　靈鷲山佛教基金會執行長常存法師特地
代表心道師父表達歡迎之意，並與「愛與
和平地球家GFLP」緬甸計畫執行長淨念法
師、世界宗教博物館館長江韶瑩，以及山東
省泰山風景名勝區管理委員會主任譚業剛代
表，共同簽署2012兩岸民間旅遊、宗教交
流活動意向書，彼此分享未來對宗教、藝
術交流的期許，也祈願透過民間旅遊與宗教
交流活動，把最良善美好的人類資產向兩岸
人民介紹，並互贈足堪代表兩地的經典紀念
品，為接續這場善妙因緣留下精彩註記。

大悲・華嚴・覺有情

兩岸觀音信仰 千年香火互映
普陀山毗盧觀音來台奉安聖典

05/19~26

↓心道師父與朝聖團抵達南海觀音處朝聖、繞佛。

↑毗盧觀音在眾人莊嚴的護持下，駕臨靈鷲山新北市分院。

靈鷲山無生道場自1998年心道師父首度帶領朝聖團朝禮普陀山已歷經11年。2010年9月，為迎請普陀山三大寺之一的普濟寺主尊毗盧觀音複製來台暖身，心道師父再次領眾朝聖，前往觀音道場尋根溯源。心道師父當時也承諾普陀山住持道慈長老將敬奉一複製的靈鷲山多羅觀音到普陀道場，以輝映兩地觀音信仰的千年香火，一脈相連的南海觀音地脈，從浙江普陀山綿延到台灣靈鷲山。

2011年5月17日，靈鷲山心道師父再度帶領一支來自大陸、香港、馬來西亞、泰國以及台灣各地共108位四眾弟子，前往普陀山尋訪觀音的故鄉。5月19日，於普濟寺圓通大殿重鑄之毗盧觀音啟建開光聖典，並由普濟寺方丈道慈長老、道生長老以及心道師父一同主持，共同為眾生開啟覺悟解脫的普門之道。莊嚴隆重的法儀，象徵毗盧觀音的

↑毗盧觀音的慈悲願力延續到台灣。

慈悲願力延續到台灣，同時也為後續的「福隆觀音文化節」揭開序幕。

心道師父並於開光儀式後的「毗盧觀音福佑台灣」記者會中開示，「近年來全球災難頻傳，在恐懼不安中的人們，更需要發揚觀音菩薩『永遠與苦難眾生同在』的慈心願力，讓人間有更多觀音菩薩的化身，這正是此次普陀山與靈鷲山交流合作的重大使命。」道慈長老則歡喜表示兩岸觀音道場因毗盧觀音而連結。

5月26日，兩岸觀音道場首度正式聯名，浙江普陀山第一大寺普濟寺的主尊毗盧觀音聖像，首度重鑄分尊致贈台灣靈鷲山，由舟山市委書記梁黎明與普陀山方丈道慈長老等四百多名大陸官員、法師與信眾，透過包機護送的方式來台展開「毗盧觀音福佑寶島」之旅，並為第一屆「福隆觀音文化節」揭開序幕。

26日上午，數百人於桃園機場大廳見證百年難得盛事，靈鷲山開山住持心道師父親自登

上飛機座艙，恭迎毗盧觀音聖駕光臨。心道師父於祈福接駕儀式時致詞表示，「千百年前的因緣，促成了普陀山的海天佛國，千百年後，毗盧觀音重鑄金身來到台灣，是眾人福德放光明的契機展現，而普陀山毗盧觀音的到來，也正式成為兩岸觀音道場、文化交流的里程碑。」

26日下午，在象徵台灣經濟繁榮的台北101大樓84樓舉行「毗盧觀音護佑寶島」祈福儀式，由心道師父、道慈長老、中國國民黨榮譽主席連戰、立法院長王金平虔敬獻供。道慈長老表示，「隆重莊嚴的毗盧觀音來到台灣，象徵毗盧觀音的慈悲願力延續到台灣，也代表毗盧觀音分身要遠渡台灣擔負聞聲救苦的重責大任。」

5月29日，毗盧觀音奉安於福隆靈鷲山金佛園區，並舉行盛大的奉安聖典，奉安聖

↓毗盧觀音寶駕普照基隆市，信眾以「百萬大悲咒共修」獻供。

典由靈鷲山開山住持心道師父與普陀山方丈道慈長老共同主持，並簽署觀音文化交流備忘錄。合作內容包括聯合舉辦「國際觀音修行研討會」、「佛教文化論壇」，互相參與兩地的觀音文化節，2012年靈鷲山更將回贈多羅觀音至普陀山奉安。

靈鷲山也特別與東北角風管處合作舉辦「第一屆福隆觀音文化節」，並邀請行政院院長吳敦義、國民黨榮譽主席吳伯雄、中國

↓祈請毗盧觀音千眼光明遍觀照。

佛教會淨良長老、明光大和尚等諸山長老、浙江省副省長龔正、副秘書長夏海偉、舟山市委書記梁黎明等貴賓共同參與此次盛會，期為全民祈福，護佑台灣。

中國佛教協會副會長，也是普陀山佛教協會長的道慈長老表示，毗盧是佛光普照的意思，毗盧觀音信仰即是觀世音菩薩以慈悲之光、智慧之光來普救世界、福濟眾生。兩山結緣讓毗盧觀音渡海到台灣撫慰世間疾苦，人人時時都能到靈鷲山金佛園區禮佛，實為佛教界百年盛事，福壽無量。

心道師父則提到，「靈鷲山佛教教團自開山以來，藉觀音菩薩的慈悲精神，接引十方有緣善信，以生命服務生命，生命奉獻生命的信念，實踐觀音菩薩的願力。10年前，靈鷲山以這份精神興建世界宗教博物館，為世界和諧正念的力量而努力不懈；今天在觀音菩薩的護念下，迎來毗盧觀音，明年更期許靈鷲山的多羅觀音到普陀山，以甘露法水灌溉每一位眾生的心靈，讓更多人能因此加滿觀音的能量，連結善緣，也樂見兩岸聖地交流步向越來越多元的趨勢。」

→心道師父以大悲灑水為台灣灑淨，注入源源不絕的平安力量。

大悲‧華嚴‧覺有情

109

戒德老和尚功行圓滿
05/21 歸入真常

↑ 戒德老和尚民國十五年受戒至今逾85年。

當代佛教界大長老妙法寺方丈戒德老和尚功行圓滿捨報，於5月21日凌晨4時50分於新北市新店區妙法寺，在四眾弟子念佛聲中安詳示寂，世壽104歲。長老一生幾度經歷驚險劫難，看盡兩岸百年滄桑，堪為教內德風遐邇，四眾仰望的大法幢。

與長老法緣甚深的靈鷲山開山住持心道師父知悉長老捨報當日，立即派弟子赴弘妙法寺參與治喪討論，要求四眾弟子隨時聽候需求調派支援，並囑託僧眾共誦108部《金剛般若般羅蜜經》迴向，心道師父則於5月27日戒老頭七，親至妙法寺頂禮長老，捻香致敬，心道師父親至靈前，未及拜墊，即俯地叩首，令人動容。

長老為心道師父受戒時的開堂和尚、靈鷲山多屆徒眾的得戒和尚，同時也是靈鷲山水陸空大法會多年來的主法。長老曾表示心道師父是他「多生的親戚眷屬」，知契甚深，每每長老只要是靈鷲山延請的大戒會、法會，都一定親往主持。心道師父亦常常盛讚長老律心第一、持戒嚴謹，表示長老是「國寶」，是「寶華山儀軌的傳承守護者」，也是靈鷲山叢林規制的依歸。長老圓寂後，心道師父緬懷長老德芳，囑咐於長老百日內，四眾都要時時做功課迴向。

↑心道師父親至戒德老和尚靈前，參拜致敬。

泰國讚念長老傳授禪修法門
引領正知正念醒悟覺知

05/23~25

5月23日上午，來自泰國高齡75歲的南傳內觀大師讚念長老與4位比丘等人第三度造訪靈鷲山，在雲霧繚繞的靈山聖境中，長老依約帶來殊勝的禪修教法，特地為靈鷲山全山僧眾傳法課程3天。長老也應心道師父之請，為即將開光的金佛園區灑淨祈福，並特地到附近核四廠興建工程加持，更為心道師父7月閉關的關房作結界修法儀式。

讚念長老的課程、教學方法新穎，結合傳統的禪修與科學新知，透過20多張彩色的具體圖，講述長老個人的內觀經驗，以八聖道的口訣引導僧眾禪修經行。長老以識智是純粹的覺知開始，經由正念、大正念、般若、般若智、解脫智，依此次第得出世間的道果，並說明開展眉輪的識智，才是內觀禪修的重點所在。

↑讚念長老（左1）為即將開關的心道師父，
於開山聖殿進行修法儀式。

↓僧眾專心聽課領受長老所說的：「學佛是成就波羅蜜，攝心是戒、專注是定、般若是慧，以此來達到成就。」

讚念長老還特別教授「立禪」，讓身體的覺知，走向止知止念，用「立」來收攝本性。讚念長老提及每每念經時，都迴向給心道師父盡早圓滿成願，並說心道師父「善緣廣大」，「想作什麼都會成功」。讚念長老不忘提醒眾人，「佛學是成就波羅蜜，攝心是戒、專注是定、般若是慧，以此來指引達到成就。」讚念長老於25日中午結束靈鷲山的參訪行程，心道師父則邀約長老明年再次來山傳法續緣。

→讚念長老為僧眾教授殊勝的禪修教法。

同體大悲的生命實踐
心道師父於毗盧觀音安座開示

05/29

↑毗盧觀音抵達金佛殿奉安，九師主法奉安大典，莊嚴攝授。

普陀山普濟寺道慈長老、中國佛教會淨良長老、明光大和尚、諸山長老法師、浙江省鞏副省長、夏副秘書長、國民黨吳主席、行政院吳院長以及在場所有貴賓、菩薩大德，阿彌陀佛！大家吉祥！

今日迎請普陀山毗盧觀音來到福隆靈鷲山，安座在靈鷲山金佛聖殿，奉安儀式順利圓滿。讓我們見證這一場兩岸佛教的歷史時刻，共同開創儒、釋、道的社會倫理的新文化價值，只有在文化紮根才能深刻體悟生命共同體，開創歷史的新文化，重現古的文化遺產價值。

原本安住在普陀山的「不肯去觀音」，造就了「海上神山」、「海天佛國」的勝景。而今日安座在靈鷲山的毗盧觀音，更是觀音慈悲的應化，如同《華嚴經》所說的「海上有山多聖賢，眾寶所成極清淨」，以及「勇猛丈夫觀自在，為利眾生住此山」的神聖境界。

自古以來，佛寺之所以奉安佛菩薩的聖像，除了是莊嚴道場，彰顯神聖之外，更重要的目的是安定社會秩序，推廣儒、釋、道行為規範的生活世界，讓大家體悟正確的人生方向和生命意義。

靈鷲山佛教教團自開山以來，即以觀音菩薩的慈悲精神，接引十方有緣善信，以「生命服務生命，生命奉獻生命」的信念，實踐觀音菩薩的願力。10年前，靈鷲山奉持這個精神完成了世界宗教博物館，影響世界正面、和諧的力量，今日在觀音菩薩的護念當中，繼續映現這份理念，如法而行。更期許明年靈鷲山的多羅觀音，也能順利地化現普陀山，共同成為同體大悲的生命實踐場域。

祈願觀音菩薩的法身遍在、法眼遍照，以甘露法水灌溉每一位眾生的心靈，使得一切圓滿、地球平安。

感恩大家！

大悲・華嚴・覺有情

陸

June

月

追尋心道師父步履
靈鷲山尋根之旅

↑ 莿仔崙靈骨塔周圍佈滿許多的墳塚，這是最直接感受死亡的地方。

靈鷲山所舉辦的印度朝聖之旅，是為了相應昔年世尊成道的環境，追尋世尊不斷探索生命實相的經歷和體證；而靈鷲山的尋根之旅，則是靈鷲人追尋師父修行的步履，共聚願心，一同跟隨上師的精進精神、體驗上師的修行歷程。

追溯心道師父一生的修行，與觀音菩薩的悲願有著緊密的關係。心道師父在15歲聽到觀世音菩薩聖號時，就發願終生追隨觀音菩薩的修行。1973年農曆9月19日，心道師父於觀音菩薩出家紀念日批剃出家，並於同年在法雲寺接受三壇大戒；受戒的過程中，值遇戒兄傳授曹洞宗的「默照禪法」。心道師父從此開始依循此一法門修行，此即為觀世音菩薩「耳根圓通法門」。

1974年，心道師父向星雲大師告假，到了外雙溪閉關獨修一年。1975年，心道師父來到宜蘭礁溪的圓明古寺修行，此為塚間修之始。當時的圓明寺已經是座殘破的古寺，心道師父在此禪修直至整個圓明寺倒塌為止。

↑ 全體學員在心道師父斷食閉關的武舉人古堡（重建後）前合影。

→ 靈鷲山佛教教團首座了意法師（右1），為大眾述說跟隨師父修行的日子。

大悲・華嚴・覺有情

119

↑心道師父在寂光寺斷食閉關的小屋
（重建後）。

1976年，心道師父28歲時到了莿仔崙靈骨塔，日中一食、夜不倒單。墳場原本就有很多鬼道眾生，心道師父時常聽到眾生哀悽的哭號，於是生起大悲願，發願度脫三惡道的眾生，每天讀誦《金剛般若般羅蜜經》及〈大悲咒〉迴向給眾生。在靈骨塔的頭陀苦行，讓心道師父體念到無常，也堅固了禪定三昧，並發願攝眾度生。這也是心道師父每月啟建圓滿施食法會的緣起。

1979年，31歲的心道師父到了宜蘭龍潭湖的「如幻山房」禪修，也就是現今的寂光寺。這段時間心道師父開始收納徒眾，法性師與道明師即是在此跟隨師父出家。

1982年底，34歲的心道師父決定斷食閉關，進行更深、更細膩的心性觀照。而弟子們也為師父尋找到周舉人古堡作為閉關之處，在古堡的6個月當中，心道師父的修行得到很大的突破。

→大良法師在寂光寺質樸親切的開示，讓每個人都滿懷法喜。

　　1983年5月，心道師父又輾轉來到福隆荖蘭山的普陀巖持續斷食閉關。在普陀巖洞中，師父的悟道又更上一層。之後，來到現今靈鷲山上的法華洞，這是心道師父兩年斷食閉關的最後階段，大殿同時也在1984年的6月19日觀音成道日開光，宣告「無生道場」正式成立。直至1985年為止，心道師父圓滿兩年的斷食閉關。

↑靈鷲山阿根師兄(右)敘述追隨心道師父的歷史。

　　尋根之旅意味著追尋心道師父修行的步履、跟隨心道師父的修道精神，如同法性師曾經說過，「這一路走來，慢慢地去體會我們的人生，我們可以做一個比對，在這一生中，我們內心的情懷與道路是什麼？對應於師父的修為跟他的胸懷、他的立志，與他的願力，我們也可以好好地來做一個比對跟思考。相信對於我們這一生，不管是善緣也好、法緣也好，我們會有很大很大的益處跟幫助。」

新營文化中心重新揭牌
靈鷲山啟建觀音傳承法會

06/11

↑法會儀式圓滿，信眾一一領受心道師父寶瓶甘露加持。

在台南市深耕28年的「新營文化中心」於6月11日重新揭牌啟用，邀請心道師父參加揭牌儀式。靈鷲山佛教教團於當日規劃一連串精彩活動，如「莘莘學子祈福暨戶外寫生比賽」等，並邀請歡雅國小鼓陣隊、新山國小扯鈴隊等藝文團體演出。

揭牌儀式中，台南市副市長顏純左感謝靈鷲山佛教教團不僅投注於地方上的慈善救助，更以多樣化的活動，如啟建祈福法會、舉辦普仁獎及寫生比賽等，來關注台南所有鄉親的身心靈各面向。

心道師父在揭牌儀式致詞表示，在多元文化的衝擊下，擁有古老文化精粹的台南，如何讓後代子子孫孫享有文化陶冶的快樂，並培養學子們的倫理道德，是政府的課題，也是大眾的責任。新營文化中心的重新啟用，代表著台南文化藝術更能往下紮根，同時也彰顯台南的地方特色。

←「莘莘學子祈福暨戶外寫生比賽」得獎小朋友。

122

當日下午，靈鷲山佛教教團在重新揭牌的「新營文化中心」，啟建「大悲觀音傳承法會」。法會由心道師父親臨主法，氣氛虔敬攝受，座無虛席，大眾領受觀音如母的慈悲加持，並為地球息災、祈福；也為莘莘學子們祝禱，在沉重的課業壓力下，能以智慧面對課業上的各項挑戰，以

開朗、開心的生命好好學習，成就自己的人生。

心道師父並在法會中提醒大眾，在地球暖化之後，世界各地災難頻仍，要認知因果、皈依三寶，讓自己覺醒、清淨，智慧增長，時時發起菩提心、行菩薩道。

大眾領受觀音如母的慈悲加持，並為地球息災祈福。

大悲‧華嚴‧覺有情

123

06/24

靈鷲山七度蟬聯社會教化獎
自勉菩薩道上精進行

↑靈鷲山以推行生命教育、宣揚倫理德善，七度
蟬聯「社會教化」獎。總管理中心幕僚長（右）
代表靈鷲山出席領獎。

新北市政府為提倡社會善良風俗，發揚大愛公益精神，鼓勵宗教團體辦理慈善事業，於6月24日上午10點，假新北市政府大樓6樓大禮堂舉行「99年度興辦公益慈善及社會教化績優宗教團體表揚大會」頒獎典禮，現場由新北市市長朱立倫親自頒發表揚，新北市共頒發67個公益慈善獎及社會教化獎項，而靈鷲山無生道場第7度榮獲「社會教化」獎，由靈鷲山總管理中心幕僚長簡俊宏代表出席領獎。現場績優獲獎宗教團體齊聚一堂，相互嘉勉鼓勵，在菩薩道上慈悲智慧精進行。

靈鷲山佛教教團以「慈悲與禪」為宗風，以推廣正信佛教為志，而靈鷲山開山住持心道師父著重菩提心為因，化育四眾弟子寓修行於生活；以禪修、朝聖、法會、生命關懷為緣，推動寧靜一分禪、平安九分禪等生活禪修，以及實踐愛地球九大生活主張的全球寧靜運動，帶領大眾從內證能量驅動實踐利益眾生的佛化志業，成為現代佛門解行合一的行者。靈鷲山並積極推行生命教育，著重公益教化、社會服務及倫理德善的宣揚，在民國百年得

以蟬聯7度再次獲得「社會教化」獎殊榮，是社會
對於靈鷲山佛教教團的肯定及鼓勵。

↓7度蟬聯「社會教化」獎殊榮，是社會對於靈鷲山
佛教教團的肯定及鼓勵。

心道師父印尼大悲弘法
廣行佛法利益眾生

06/24~26

↑心道師父為弟子傳法開示，講述觀音的誓願弘深並勉勵大眾勤持大悲咒。

←會眾們難得機會親近上師，無不精進向道、植福積善。

回想16年前印尼中心草創，印尼弟子一路跟隨到底的堅持，讓印尼中心的法緣延續不斷。睽違3年，心道師父再度踏上印尼，此趟東南亞大悲傳承之旅的第二站即來到印尼雅加達。

心道師父為新搬遷落成的雅加達中心灑淨迴向之際，更期勉印尼弟子能夠精進學佛，珍惜生命的可貴，心道師父表示，「在多災多難的時代，大家要好好地學佛以避免災難，勤誦〈大悲咒〉，能夠讓大家做好善的循環，有了善的循環，我們更能夠安定地學佛，也就有一個平安、樂觀、極積、充實的生命，大家也要用〈大悲咒〉為世界多迴向，地球平安，大家才會平安，所以要有信心，好好跟隨佛陀做利生的工作。」

大悲傳承法會於26日下午舉行，心道師父為弟子傳法開示，講述觀音的誓願弘深，提及自己從15歲便開始持誦〈大悲咒〉，至今超過50年，「當年我一個窮小子隻身來到台灣，什麼都沒

↑參與法會的信眾開心地與心道師父合影留念。

有，唯一的親人就是觀世音菩薩以及〈大悲咒〉，〈大悲咒〉是我信仰的核心！」持誦〈大悲咒〉能洗滌人身的塵勞，讓我們明瞭身體會凋零、但覺性的光明卻恆常，只要心能受持，就能通達。現場四眾弟子潛心受攝，銘記傳法開示，期勉自身能積善根、生智慧，進而廣行佛法利益眾生。

柒

July

月

宗教和平生活營訪宗博
認識各宗教人文藝術精神

07/01~03

2011年7月1至3日，「第12屆宗教與和平生活營」由中華天帝教總會、中華民國一貫道總會主辦，結合佛教、道教、天主教、基督教、一貫道、天帝教、統一教、天德教、軒轅教、伊斯蘭教、天地正教、巴哈伊教、天道等十餘個宗教，藉由3天參與各種不同宗教的生活體驗，增進各宗教彼此間的互動與交流。活動首站來到協辦單位之一的世界宗教博物館，欣賞由高科技影音設備及互動式多媒體所展現的世界十大不同宗教，讓學員對於各宗教的藝術、文化，及核心精神有更深的認識；期望透過本次生活營，讓彼此學習相互尊重與包容，進而攜手展現宗教淨化人心、安頓生命、積極正向的智慧與力量，將宗教大愛與和平的理念，散佈到社會每一個角落。

↑「第十二屆宗教與和平生活營」致贈感謝狀予世界宗教博物館。

大悲・華嚴・覺有情

↑學員們專注聆聽館員的導覽。

07/20

體驗宗教文明生命價值
廈門閩南佛學院與宗博交流

7月20日，由聖輝大和尚擔任團長的廈門閩南佛學院僧眾一行60人參訪團，造訪以尊重生命、喜歡生命理念為主軸的生命教育場域「世界宗教博物館」。

閩南佛學院的僧眾表示，「世界宗教博物館真是精彩，容納了各種宗教文物的精髓，有機會一定要再次造訪。」世界宗教博物館發展基金會執行長了意法師則回應指出，「這座體驗型的博物館，以精緻細膩的人性化思考為出發，將生命的菁粹、人類的精神、宗教的文明，一一呈現給世人。」了意法師並感恩不同宗教對世界宗教博物館曾有的付出及不間斷地用心，也希望閩南佛學院此行來到世界宗教博物館，更加深兩岸之間宗教文化的深度交流。

↑世界宗教博物館發展基金會執行長了意法師
　接受聖輝大和尚（右）致贈雕塑品。

↑法師們對宗博館水幕牆感到新奇，歡喜地接受
　淨心洗滌。

在生命體驗區聆聽宗教大師談生命。

but I didn't ... ve any sense of Buddhi...

北京首博館與宗博館際交流
雙方攜手合作加深連結

北京首都博物館參訪團一行人，在北京文物局局長郝東晨帶
領下，參訪全球唯一的世界宗教博物館，展開國際級博物
館之間的交流分享。貴賓們在朝聖步道盡頭的「手印牆」，由郝
局長帶頭排成一列，印下一掌一掌的手印，象徵著攜手合作，為
兩岸博物館界串起緊密的連結。

世界宗教博物館館長江韶瑩親自
接待這批遠道而來的貴賓，從設計概
念、展示理念逐一詳細介紹，並表示，
「2011年適逢世界宗教博物館成立10
週年，希望能夠透過館際之間的借展交
流等，讓更多人都能認識尊重、包容、
博愛的世界宗教博物館。」

北京首都博物館副館長黃雪寅則指
出，「世界宗教博物館雖然地方不大，

↑北京文物局局長郝東晨與世界宗教博物館
江韶瑩館長(右)互相交換禮物。

但設計精心，例如朝聖步道上，用手印牆做為感官的終點，是很耐人尋味的，這座文化型博物館，素雅精心的設計，值得我們多多學習。」她並希望將這座用生命詮釋生命的博物館介紹給對岸的民眾，讓更多人到台灣旅遊時，能一訪世界宗教博物館，體認這份觸動內心的良善感動。

→北京首都博物館副館長黃雪寅
在水幕牆感受淨心的一刻。

大悲・華嚴・覺有情

心道師父泰國弘法
受法弟子法喜充滿

07/01~03

↑心道師父在泰國傳授大悲咒觀音法門。

↑心道師父為林施紅霞大德（右）蓋下宗博館榮譽董事手印。

心道師父7月特別到泰國啟建「大悲觀音傳承法會」，全程不斷地叮嚀弟子們隨著觀音菩薩行大悲願，學習聞聲救苦的慈悲胸懷。

為了在這多災多難的時刻，能夠讓大家有安心的方法，心道師父特別在法會上傳授「〈大悲咒〉觀音法門」。上師殊勝、法門難得，法脈傳承廣佈是心道師父的用心之處，而受法弟子各個法喜充滿，歡欣受法，喜悅之情溢於言表。在法會結束後的榮董聯誼餐敘中，心道師父傾聽弟子們這幾年的學佛經歷，也暢談靈鷲山志業的發展進程。在榮董聯誼會當天，林施紅霞大德以及陳李淑雲大德也加入榮董的行列。

2010年10月特地回台參觀世界宗教博物館的林施紅霞大德，除了圓滿自己想要參訪的心願之外，更對館內特別為兒童設計的「愛的森林」展館，對生命教育的用心設計大表讚嘆，遂發心成為世界宗教博物館的榮譽董事，願盡己力祝福宗教博物館不斷成長、永續經營。

↓泰國弟子們在機場歡喜迎接上師的到來。

而皈依心道師父10多年的陳李淑雲大德，是每個人口中最親切的陳媽媽，當天也正好是她的70歲生日，為了感恩陳媽媽長久以來不遺餘力的護持，上師與大眾一同為其祝福，陳媽媽有感而發地表示，「感謝一路走來有心道師父的帶領，讓自己遇到煩惱痛苦時，懂得調心與轉換。」

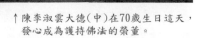

↑陳李淑雲大德（中）在70歲生日這天，發心成為護持佛法的榮董。

學習佛法 奉獻生命
靈鷲山青年耕心營代代傳承

↑工作中帶著幽默，這是青年團共同的默契。

↑曾經也是兒童營的學員，如今已經成為耕心營的小隊輔。

自1990年靈鷲山舉辦「七龍珠夏令營」兒童營開始，培訓小老師的靈鷲山青年耕心營便伴隨著一路成長。而參加兒童營的小朋友們，長大後又成為青年耕心營的小老師，扮演不同角色，繼續在靈鷲山的大家庭中蛻變、成長。

在兒童營長大的孩子，每年受到心道師父的提醒以及佛法的滋潤，心中佛法的種子漸漸發芽，成長為強壯的大樹，變得成熟穩重。由於感受到佛法的美好，因而升起傳承兒童學佛營的願力，所以每年從兒童營畢業的孩子，還是會回到靈鷲山，繼續傳承他們曾經受到佛法呵護的那份感動，讓兒童學佛營能夠延續下去。

從兒童營畢業的孩子，加入青年耕心營之後，角色變換為引導孩子們學佛的小老師；從辦活動、承擔責任當中，以及在法師的帶領之下，學習將佛法帶入世間法裡面，以佛法持守自心，並利用善巧來應對變化萬千的外境。

　　靈鷲山兒童學佛營成就了青年人學佛、奉獻的舞台，許許多多的青年在每個環節當中，回憶起自身過往的種種，常常會有一種豁然開朗的感覺，更多了一份成熟與智慧。

　　看著這些青年們一路成長，帶領營隊的法師不禁讚嘆，「在山上學佛成長的孩子心靈多麼地細緻、進退多麼地有倫理、考慮多麼地周到！宛如華嚴世界一般，每個孩子的心靈都像一個因陀羅網上的珠玉，顯現智慧的莊嚴！正因為生命成長的美好，讓青年、兒童能夠學習佛法、奉獻生命的縷線，一路相牽！」

→2011年靈鷲山青年耕心營，在普賢道場正式揭幕。

人悲・華嚴・覺有情

呼喚內心的觀音
心道師父《聞盡》新書簽名會

07/06

←心道師父為簽書
會切蛋糕，揭開
序幕。

身在資訊爆炸的環境，要如何於瞬息萬變的科技生活中覓得安頓之地？心道師父在新書《聞盡》中提出一帖靜心良方——「不妨向內探求，呼喚我們內心的觀音」。

新書發表會於7月6日假世界宗教博物館舉行，由東華大學語創所所長郭強生教授主持，與會貴賓包括宗博館榮譽館長漢寶德、作家東年、中央社社長羅智成、作家蔡詩萍、遠流出版社董事長王榮文、前法務部長廖正豪，以及宗博館現任館長江韶瑩等皆親與盛會；作家張啟疆與詩人陳義芝、廖之韻等，也於會中與讀者一起分享讀後感言。

心道師父透過《聞盡》一書，與大家分享他近年在各地宗教行腳的真情故事與修道世界的精神思想，書中提到的「觀音法門」是最能與人內

↑心道師父的簽名，為無上的祝福。

心相應的心靈良藥；而「回歸」是指當下即是真心，人要回歸到自己的「本來面目」，才能回到最自然安定的生活。

發表會結束前，由心道師父親自帶領現場大眾體驗九分鐘禪，並期許大眾，「我們本著互益共生的精神救難救劫，當你我都像觀音，地球的平安就會呈現。展現個人的生命智慧，安頓自身也照應周身相處的每個人，讓每個人都能平安快樂。」

↑等待心道師父的簽名，令人為之雀躍。

增智慧 長常識 種福田
靈鷲山兒童學佛營培養小菩薩

↑在佛學基礎概念的教學之中，激發小朋友發揮創意的潛能。

↑學員們在各自的T-shirt上簽名，「不要忘記我」。

「兒童學佛營」的小朋友在精心安排的課程中，認識觀音的化身——心道師父，並探訪靈鷲聖山、學習茶禪、動手DIY做手工花瓶，以及在山林間種花等多元活動，並一起吃早齋、午齋、聆聽寂靜，體驗清涼法味。在多元活潑的學習課程裡，佛門行儀也穿插其中，培養小菩薩禮敬三寶的心。4天3夜的兒童學佛營初體驗，除了學習禪修培養專注力，更學習菩薩的慈悲喜捨精神，小菩薩個個歡喜、增智慧、長常識、種福田，帶著一顆飽滿的心回家。

「兒童學佛營」從1990年「七龍珠兒童夏令營」舉辦至今長達19年，籌辦營隊的幹部和學長，有很多是從前參加過夏令營的小朋友，如今他們長大了，又回山帶領小學員學佛，也有現任幹部從前帶過的學員回來當隊輔，有的學員則是一路從志工、隊輔升上來，升到可以穿上象徵榮耀的學佛營幹部紅色T恤。

每位成為隊輔、幹部的大哥哥和大姊姊們，都是因為在靈鷲山兒童學佛營裡面，獲得成長、學習到服務與珍惜，並從中感受

到學佛的快樂，因此每一年都很期待暑假的來臨，可以再度回到這個大家庭，接受佛法以及家庭成員們的滋潤。

　　籌辦營隊的每一位法師和幹部，每年一起辛勤開闢兒童的學佛天地，汗水淚水參雜著共患難的心情，喚起每位參與者的迴響。孩子長大之後，瞭解到在這裡所接觸到的一切，是他們人生中很珍貴的記憶。為了讓這份美好的事物可以繼續，並且能分享給更多人，感染這份從內心升起，真實的喜悅之情。因此在兒童營長大的孩子們，成為推動靈鷲山年年舉辦兒童學佛營的主要成員，他們在小朋友身上看到過去的自己，也看到他們的未來，傳承也因此應運而生，大手牽小手，一代一代地延續。

→心道師父鼓勵孩子們善財佈
　施，培養佈施的習慣。

大悲・華嚴・覺有情

147

07/12~14

寧靜小天使育成
靈鷲山兒童禪修師資培訓課程

↑行禪也能靜心。

從 2010年8月開始，一群來自北中南喜歡禪修的老師們，不辭辛勞地參加兒童禪修相關培訓課程與教案編寫的工作。這份教材已於3月至7月進行試教，並推廣至各講堂中心與國民小學。3月30日，靈鷲山也舉辦一場由「靈鷲山第1期兒童禪修師資培訓班」老師們共同編製的「靈鷲山兒童生命教育——心寧靜運動」兒童禪修初階教材發表分享會，並於7月12至14日，舉辦「兒童禪修師資培訓課程」，旨在透過心寧靜的方法，達到兒童情緒管理的良好效益，並藉由創造寧靜的班級經營，提昇學習專注力與教學成效。

從「一分鐘平安禪」開始，讓孩子很快學會安靜，戴上寧靜手環，隨時觀察自己的心，每天寫寧靜日記，學習和自己真心對話。心道師父說，「禪就是心，就是生活。」點點滴滴的課程設計中，最重要的就是讓孩子學會和自己的心在一起，懂得讓心寧靜的方法，在自我的覺察中也懂得關照別人的心，成為一個有自信心、有愛心的寧靜小天使。藉由學禪讓心專注，學習效果更佳，擁有寧靜的心，期待孩子能夠健康快樂的成長。

從「一分鐘平安禪」開始，讓學員很快學會安靜，學會和自己的心在一起。

心道師父對「靈鷲山第1期兒童禪修師資培訓班」的用心予以肯定，心道師父說，「感謝我們的老師們，為了整個社會能夠有更好的風氣，更好的良性循環，讓我們每個人都具足智慧跟善心，所以我們就必須發願，帶領很多、很多的人做這份善業跟智慧，發心就是一種行動，願力就是要達成的目的，所以要有願力和行動，就會呈現我們要達到的目的。」

↑藉由影片帶領學員學習暖身功法。

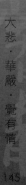

大悲‧華嚴‧覺有情

捌

August

月

覺性的觀照
師父於水陸為外壇志工開示

08/08

我們在學佛的過程中需要彼此鼓勵。我們的義工伙伴來自各個不同的地方,共同在這一個場合彼此互相鼓勵、互相提升,共同提升我們學佛的層次與熱情。在這裡我們不談論彼此的是非、好壞,這就是學佛層次的提升。學佛就要學覺醒、無我,學佛一定要無我,覺醒我是誰?我是什麼?沒有眾人,我是誰?有了眾人,我才知道是我,如果沒有其他人,我是誰?我們都不存在,所以有你才有我,彼此存在才有我、你、他。大家在一起的時候就要無我。我們這個身體是過去的因、今生的果,過去造的因、今生的果,過去我們做的不錯,所以我們今生有學佛的因緣,我們的家庭願意讓我們學佛,有共同成就的學佛伙伴,讓我們未來的生命也能學習佛法,直到成佛。

怎麼才能無我?羅漢的境界是不生滅、沒煩惱,涅槃無生。涅槃無生就是我們的覺性,就是我們的本性,怎麼看到我們的本性?就要禪修。禪就是回到我們的本心,觀照我們的本心。我們的身體是因緣和合的,由地、水、火、風四大和合而成的,離開

信眾的發心護持，讓水陸法會能度
化更多眾生。

這四大後，我是誰？地、水、火、風這四大
都不是我，覺性才是真正的我。身體的骨肉
是地、呼吸是風、溫度是火、血液的流動是
水，這四大都不是覺性，有覺性的才是你，
沒有覺性的不是你，所以覺性在哪裡？離開

這個身體就是了，離開地、水、火、風、
空、識以外的那個你，就是覺性。

每個人都有覺性，不然你不會跟著師父
笑，耳朵不會逗到這裡聽我說法，這就是覺
性，覺性就是能知、能覺、能了解、能明

白，不是地、水、火、風。我們死的時候，四大脫落的時候，喘不過氣來，死的是風，不是你；全身火退了、冷掉了，死的是火，也不是你；全身都散掉了，沒有溫度、沒有水分、沒有氣了，只有覺性還在，覺性知道這個身體死了，但是覺性沒有死，所以我們的覺性不是地、水、火、風。

我們禪修的時候，是覺性在禪修，我們坐禪只管觀照覺性，不管妄念、想法，好好地把覺性管好，禪修就做對了，以後我們死的時候，要照顧好我們的覺性，照顧好我們的覺性，就不會輪迴。

我們的宗風是慈悲與禪，禪就是把覺性找回來，讓我們的心安住在覺性上，不要隨境而轉。隨緣不變、不變隨緣，就是我們的覺性。

我們做水陸法會就要讓我們生生世世的歷代祖先全部來學禪、成佛，來發菩提心、利益眾生。我們來作水陸的義工，參加法會都能夠得到快樂。在參加焰口、梁皇等法事的時候，慢慢就會知道裡面的內容，知道要懺悔我們的煩惱，懺悔貪、瞋、癡、慢、疑五毒。所以《梁皇懺》都在懺悔我們過去所做的一切行為、想法，懺悔以後就回到清淨的覺性。沒有懺悔，就像感冒、中暑一般，心頭悶悶的，被業障束縛住，然後沒心情、起煩惱，對生命沒有樂趣、沒有興趣，然後就想要自殺，這叫束縛。所以我們在水陸法會把這些業障都懺悔掉，我們就沒有束縛，就自在、安穩、解脫，學佛就是要學自在、學解脫，不要學罣礙、學煩惱，而是要學反省、學懺悔。

羅漢是不生滅的，想要不生滅就要回到我們的本性，安住在覺性裡面不起煩惱、不會生滅。雖然羅漢不起煩惱、不會生滅，但是真正要長長久久，最好就是做利他成佛的工作，也就是迴小向大的菩薩道。羅漢在經

莊嚴的水陸法會會場。

水陸法會會場空拍圖。

152

過幾億年漫長時間以後，慢慢會迴小向大，開始行菩薩道。

大家來水陸法會當義工，就是行菩薩道，菩薩就是無我，沒有「我」的想法，通通為眾生的利益著想，讓別人得到利益、得到好處、得到快樂，讓接觸到的每一個人，都能行善做好，都能離苦得樂。

學佛真的要願力不斷，我們要發願像觀音菩薩一樣，大家都來做觀世音，都是觀音菩薩的化身。水陸法會是觀音菩薩的願力發起的，我們來水陸法會當義工，就是當觀音菩薩的義工，就是觀音菩薩的化身，我們一起來提升水陸法會的服務品質，用水陸法會來度眾生。觀音菩薩的願力就是要眾生離苦得樂，因為眾生真的很苦，有求不得等等八種苦，財富再多還是覺得不夠，什麼都不滿足。水陸法會就是觀音菩薩的場，我們要護持觀音菩薩，讓水陸法會能夠度更多的人，大家就都是觀音菩薩的行者，大家一起努力，阿彌陀佛！

08/03~10

靈鷲山水陸空大法會
百年安康 和諧地球

↓送聖的火燄表徵著法會圓滿吉祥。

↑外壇五大士燄口，主法和尚恭敬嚴謹、如法如儀。

2011年靈鷲山水陸空大法會——「百年安康‧和諧地球」於8月3日在桃園巨蛋體育場隆重啟壇。2011年法會主題為「百年安康‧和諧地球」，一方面緬懷百年前許多革命先烈的犧牲奉獻，特別為其設立超薦席位；另一方面則是因應地球環境、人類心靈的不斷惡化，以「和諧」為地球平安祈福。

地球脆弱多災，2011年3月的日本大地震、核能輻射傷害、台灣塑化劑、6月的挪威屠殺事件等，主因都是來自人心的慾望以及無明的偏見所造成的相互傷害，不僅傷害有情世界，也傷害我們生存的地球。眾生的「心」都「忙碌」於各式各樣的貪取、執著，因此受到五毒的毒害也毫無自覺，靈鷲山希望藉由啟建水陸法會，讓大眾安住在菩提正覺之中。

心道師父說，「8天7夜的水陸法會，啟動利益眾生的清淨菩提心，用清淨心拜懺念佛，全心一意持誦水陸儀

每年的內壇壇城布置，已經成為靈鷲山
水陸法會的一大特色，以莊嚴的佈置供
養諸佛、攝受眾生。

大悲‧華嚴‧賃有

←戒德老和尚雖已歸入真常，但其精神永遠陪伴著我們
（圖為水陸現場供奉老和尚的舍利子）。

軌，要攝心念以明白因果，並時時刻刻觀照學佛的一念初心，來
轉化心靈塵垢，獲得無上的福德資糧。」

藉著殊勝的大共修，將清淨的結界，擴展到全地球、全宇
宙，呼應佛法所說的「心包太虛、量周沙界」的境界。「百年水
陸，千載因緣，萬眾願力」，靈鷲山將千年流傳下來的法會精
神，透過現場無數大眾的悲心願力，凝聚成轉化天地四方、度化
萬物群靈的沛然能量，成就超越時空的生命大解脫、大自在、大
圓滿。

日期	法會名稱	地點
99/11/14	「藥師普佛暨三時繫念法會」普施大圓滿	三重修德國小
100/01/23	大悲觀音度亡圓滿施食法會	無生道場
100/03/20	大悲觀音度亡圓滿施食法會	無生道場
100/05/15	大悲觀音度亡圓滿施食法會	無生道場
100/06/19	大悲觀音度亡圓滿施食法會	無生道場

↑密壇喇嘛於廣場跳金剛舞，並以火供除障。

↑桃園地區代表領取白米齋普，普施大眾。

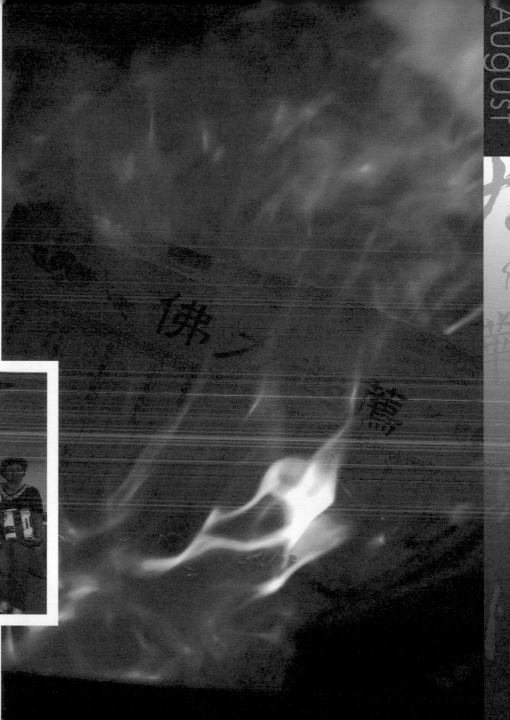

大悲・華嚴・藥師懺

08/18

心寧靜
情緒管理教學教師研習營

第1期「心寧靜——情緒管理教學」教師研習營8月18日於慧命成長學院舉辦，北中南各區的教師們聚集一堂，分享教學成果，許多老師皆表示，從自身做起，除了教學場域之外，家庭生活也需要經營，一家人同步學習也齊步成長。

南區玉芬老師分享她在南部的學校以及幼稚園推展「心寧靜運動」的成果，幫助了很多從來沒預期可以幫助到的人，有的人是陷入困境低潮或心裡打了死結企圖想了結生命，透過寧靜禪法，慢慢獲得心靈上的舒坦，進而重新展開新的生活。北區的靜慧、玉珊老師在安親班推行「心寧靜運動」教學，提到她們在混齡的班級中，以開放式的教學，引導孩子自動學習，所有老師都大聲說讚。

「心寧靜教師團」以行動力表現傳播願力善種子的決心，希望讓全台灣的學齡孩童都能從小獲得讓心寧靜的寶藏，做個有自信、有愛心的寧靜小天使。當天，由大康法師、廣純法師、恆明

↑ 老師們分享在教學中意想不到的收穫。

法師、顯月法師、寶髻法師頒發寧靜大使聘書，期勉心寧靜教師團的成員們，用三心（愛心、耐心、感恩心）來灌溉國家的幼苗，進而讓全台灣的家庭都能寧靜、自在。這群發無畏大願的老師們，帶著滿滿的鼓勵及加油，回到工作崗位上，繼續耕耘著寧靜種子，帶給孩子們最美好的心靈禮物。

→心寧靜教師研習營的重要推手之一宋慧慈老師。
↓心寧靜大使們在教學中相互成長，期待下次的相聚。

大悲‧華嚴‧覺有情‧150

日本震災人道援助表揚
靈鷲山佛教教團獲頒表揚狀

08/19

外交部於8月19日下午3時在台北賓館舉辦「日本震災人道援助表揚茶會」，由外交部長楊進添主持，現場邀請總統馬英九及行政院長吳敦義蒞會致詞，日本交流協會代表今井正也到場表達感謝之意，靈鷲山慈善基金會董事長妙用法師、性月法師應邀與會接受表揚狀頒贈。受贈單位計有協助運輸賑災物資的7位團體代表、各地方捐贈代表共計40位相關單位與人員接受頒贈表揚狀。

外交部長楊進添表示，截至8月為止，台灣捐贈日本救難金額為66億5,300多萬元，不論全世界國家總額、個人平均捐贈金額都是第一位。經由外交部所蒐集到的賑災物資共有566.7公噸，第一批物資已在3月10日由中華航空發出17架班機運送至日本，另有62個貨櫃由各海運公司運送到日本。

日本東北發生百年巨震，台灣各界均給予溫馨的慰問及關懷、援助，台灣各地團體所提供的各項善心義舉讓日本人由衷地

感恩，台灣人以實際行動，體現「地球一家」的人道精神，這也正是心道師父所宣揚的「愛與和平地球家」的理念，把愛無遠弗屆地傳達到地球各個角落；如同觀世音菩薩「千處祈求千處應的」慈悲胸懷，哪裡有苦難祂就在哪裡。在災難頻仍的時代，人人都可以成為他人的觀世音菩薩，用不同的形式給予愛的關懷，協助他們度過風浪。

↑靈鷲山慈善基金會董事長妙用法師，接受馬英九總統親自頒發表揚狀。

靈鷲山佛教教團登陸
啟建江西百丈禪寺水陸法會

↓由於楊釗居士復興祖庭的弘願，百丈禪寺得以威
光重現。

靈鷲山佛教教團8月10日在台灣圓滿了一年一度的水陸法會後，旋即在香港旭日集團楊釗居士的邀請下，緊接著來到江西大雄山「百丈禪寺」舉辦另一場水陸勝會。百丈禪寺是當初懷海禪師始設住持之制、弘傳禪法之地，更是天下清規的發源地，禪師創立「一日不做、一日不食」的農禪制度，對於中國禪宗的影響甚鉅。

楊釗居士復興祖庭的弘願，讓百丈禪寺得以威光重現，禪宗的法脈也因祖庭的復興張顯它的威德。禪門打水陸古來有之，近代虛雲老和尚更是經常以水陸法會來度拔亂世群靈。此次在百丈懷海大師傳承禪法的祖庭打「水陸七」，讓所有參與的法師與志工們內心都十分歡喜，感受昔日的禪風再現。

水陸法會將懺悔、誦經與供養的功德利益，迴給一切眾生，期能了脫生死、趨向淨土。大眾也把握此

↑百丈禪寺大雄寶殿內，水陸法會外壇正式啟壇。

↑內壇主法白雲老和尚捻香上供。　↑外壇主法一如老和尚持淨瓶灑淨。

↑心道師父於內壇開示。

次殊勝的水陸勝會，守護自己的心，持戒、精進，以清淨的身語意，於二六時中，念佛、念法、念僧，護念一切的有情，連結無盡善緣，形成「盡虛空、遍法界的慈悲結界」。

靈鷲山以法結緣
永和社區啟建中元普度法會

↓靈鷲山法師為中元普度法會主法。

↑地方參與者眾多，連年成為當地的盛事。

靈鷲山永和分院每年農曆7月都與所在的東家創世紀大樓及社區居民，共同啟建中元普度法會，已成為社區年度盛事。2011年慶讚中元普度法會於8月20日舉行，並禮請靈鷲山法師擔綱誦經法儀，為社區安宅祈福，安定社區人心，提振地方興榮。

中國民間視7月為鬼月，向來有祭拜「好兄弟」的習俗，而佛教則視農曆7月為「吉祥月、齋戒月」，並結合民間「中元普度」的習俗，除了傳承敬天祭祖的傳統禮俗，也兼具社會教化的積極功用。多年來，中元普度法會皆禮請靈鷲山法師擔綱誦經法儀，為社區安宅祈福、為地方無祀孤魂等超薦，提振社區人心地方祥和安定，不遺餘力。2011年慶讚中元法會捻香貴賓有立法委員林德福、新北市議會副議長陳鴻源、新北市議員連斐璠、永和區市民代表許昭興、保安里里長許展榕、永和區區長江美桃，眾人一起祝禱地方居民安寧祥和、吉祥順利、所求如願。

大悲・華嚴・覺有情 165

地方主祭誦讀祭文為啟建法會揭開序幕。

兩岸佛教交流情誼深厚
「秦磚」「漢瓦」賀宗博十年

↑秦磚。

↑漢瓦。

繼靈鷲山迎請普陀山毗盧觀音來台奉安，雙方正式簽署合作交流意向書後，為祝賀世界宗教博物館創立10週年，中國佛教協會副會長，也是陝西西安大慈恩寺的方丈增勤法師特別攜珍貴古蹟「秦磚」、「漢瓦」來台相贈，以資紀念；中國國家宗教事務局外事司司長郭偉、處長王偉芳等，亦在場見證雙方在宗教、文化上的觀摩、分享，為世界宗教博物館十年有成增添一樁交流美事。

8月22日，靈鷲山慈善基金會董事長妙用法師代表接受這份「厚重」大禮，增勤法師也特地與大家分享以「秦磚」、「漢瓦」相贈的緣起。他表示，自2010年8月與心道師父會晤，知道辛亥百年是世界宗教博物館開館10週年後，就特別委託陝西考古界的專家學者一起集思廣益，找出極具文化特色的古物相贈。

因西安是歷代13個王朝建都之地，「秦磚」、「漢瓦」等於是見證中華文化發展的至寶，在同獲陝西省文化局局長及歷史博物館館長同意下，特將庫存的寶貝文物，也是唯獨西安才有的「秦磚」、「漢瓦」贈送給世界宗教博物館。此份古樸厚實、深富歷史的祝賀禮，象徵兩岸交流的美好情誼，意義非凡。

↑中國國家宗教事務局外事司司長郭偉（左），
與妙用法師互相分享兩岸佛教交流的心得。

↑陝西西安大慈恩寺的方丈增勤法師（左）特別攜珍貴古蹟「秦磚」、「漢瓦」來台相贈。

大悲‧華嚴‧覺有情

玖

September

月

慈悲大願的實踐者
靈鷲山獲績優宗教團體獎

↑靈鷲山佛教基金會執行長常存法師代表領獎。

由內政部主辦的「100年宗教團體表揚大會」，9月5日假新北市政府多功能集會堂舉行頒獎典禮，表揚興辦或贊助公益慈善及社會教化事業成效卓越的宗教團體。靈鷲山佛教基金會與世界宗教博物館發展基金會已連續9年雙雙獲此殊榮。獎項由內政部長江宜樺親自頒發，世界宗教博物館發展基金會執行長了意法師及靈鷲山佛教基金會執行長常存法師代表領獎。

靈鷲山佛教教團抱持「傳承諸佛法，利益一切眾」的精神，於海內外從事各項利益眾生的慈善志業。在緬甸鄉村辦理幼兒教育安親服務，協助急難救援，貧童認養等，傳達「愛與和平地球家」的精神。常年舉辦以提倡品德優異為宗旨的「靈鷲山普仁獎」，獎勵家貧不喪志、困苦卻心富足的德性優良學子。平日亦有各項身心靈並重的慧命成長課程、斷食雲水禪等禪修活動，以紓解現今充滿壓力的生活環境、提升人文素質。民國百年，宗教所觸發的良善讓台灣社會喜悅和諧，而歷年得獎也肯定靈鷲山佛教教團與世界宗教博物館在慈善事業與社會教化上不遺餘力的貢獻。

↑世界宗教博物館發展基金會執行長了意法師代表領獎。

財團法人世界宗教
博物館發展基金會 榮譽

100年績優宗教團體

2011 Charity and Social Educational Cause
Meritorious Religious Group

內政部部長 江宜樺 贈
中華民國100年9月5日

心道法師雲南尋根
參與忠魂歸國超薦法會

↓心道師父（右1）應邀參與法會，為戰死的亡靈超度。

心道師父9月13日應中國佛教協會副會長刀述仁邀請，遠赴雲南騰沖參與「忠魂歸國」活動，為遠征軍舉辦超薦法會，並於國殤墓園舉行紀念碑揭幕儀式。辛亥百年之際，中國佛教協會為超薦當年抗日遠征而壯烈犧牲的中國遠征軍，特別邀請三乘佛教教界長老代表，以及在戰場中存活的老兵將士們，於騰沖共同參與「忠魂歸國」超薦法會及紀念碑揭幕儀式。

「忠魂歸國」活動是為了紀念二次大戰期間，9,000多名為了光復被日軍佔領的騰沖而壯烈犧牲的中國遠征軍。身為滇緬軍遺孤的心道師父，第一次回到雲南騰沖故鄉，熟悉的文化習俗、飲食習慣，也勾起心道師父對童年生活的無限懷念。

國殤墓園所展示的歷史資料、照片與文物，傳遞了戰爭所帶來的苦難，心道師父也警惕大眾，「在戰爭期間，人命是如此脆弱，我們生生世世就在生死輪迴裡不斷地流轉，生死的輪迴比戰爭更為恐怖，所以今生能夠學習佛法是非常難得的，佛法不只是一個知識，也是一種體驗、一種證悟，最重要的是能讓我們離苦得樂。」

↑心道師父與老兵們歡喜地交談，無有隔閡。

→心道師父看著紀念牆上戰死的勇士
臉譜,感嘆戰爭無情、生死無常。

16日,心道師父前往雞足山參訪,緬懷虛雲老和尚當年駐山整頓佛教的悲心宏願,到了足山金頂寺,拜謁迦葉尊者等待彌勒佛出世入定的華首門,並懷想觸動10多年墓地的頭陀行、2年的斷食閉關等緣起。雲南歷代以來,三乘法教在此同時具足,共同弘化,而此更與心道師父一直以來所倡導三乘合一的理念不謀而合,心道師父說,「回到雲南僅僅是追尋父親的故鄉,但卻發現,在我的內證修行及弘揚佛法的使命上,原來雲南早就在我的生命裡,播下不可分割的種子。」

心道師父帶領弟子朝禮雞足山。

大悲・華嚴・覺有情

世界宗教博物館
「聖母・聖像・花毯」特展

03/26～09/18

↓心道師父帶領大眾為特展盛大開幕。

↑遠自墨西哥來的花毯藝術家，全神貫注創作。

今年3月，世界宗教博物館遠自墨西哥邀請4位專業的花毯藝術工作者來台進行創作，這不僅是台灣首見，也是瓦曼特拉花毯藝術首次在博物館展示空間實境呈現。觀眾循著墨西哥瓦曼特拉的歡慶街道，感受「聖母升天節」的神聖喜樂，從獨特的花毯創作，體驗「消失的藝術」繽紛絢爛。

墨西哥的官方語言為西班牙文，宗教、文化也深受西班牙影響，主要的信仰為天主教。瓦曼特拉市建於1534年，以每年8月15日的「聖母升天節」著名。「聖母・聖像・花毯」特展將墨西哥瓦曼特拉市的聖母遶境搬到台灣的世界宗教博物館內，讓台灣人也感受到不同國度的節慶狂熱。

瓦曼特拉花毯具有豐富的宗教、藝術及文化內涵，分別可見於兩種類型，一種稱為Alfombras，如同大型的地面沙畫，內容以宗教聖像為主，周圍以鮮花為裝飾。常見主題包括耶穌頭像、聖母像、聖母子像等。另一種稱為Tapetes，以染過色的細沙、碎木屑及鮮花為材料，以花卉、日月星辰及幾何圖形為內容，以

遠境花毯以染色的碎木屑為主要材料。常見的圖案有花卉植物、日月星辰及幾何圖形。

175

圖形模板重複製作，鋪設於道路上，供遶境遊行隊伍踩踏其上而過。

　　為了迎接聖母升天節，8月14日下午哥瓦曼特拉市民眾開始以七彩布旗、花籃及燈綵裝飾街道，藝術家用鮮花、彩色的碎木屑鋪設長達幾公里的花毯，讓聖母遶境時經過，以表達對聖母的崇敬之心。等到15日凌晨1點左右，城市的教堂同時響起鐘聲，瓦曼特拉城著名的「不眠之夜」開始，聖母像在人群的簇擁下，伴隨著煙火、鮮花、音樂、祈禱，離開聖母教堂，沿著鋪設花毯的街道，開始遶境遊行；待清晨6、7點回到教堂，由早晨彌撒畫下句點。遶境花毯也隨遊行的結束而消失，留下愛與關心，製作花毯時的虔誠與奉獻，以及對聖母充滿希望和信念的生命記憶。

　　世界宗教博物館推出的「聖母‧聖像‧花毯」特展，以影像全程紀錄「花毯」的創作過程，並由為花博名人館操刀設計的木石研團隊精心規劃，分別以「花的詠嘆」、「節慶小鎮」、「步生聖像」、「光輝聖母」、「花徑消散」五展區將花毯藝術的歷史由來、製作流程、宗教內涵，及藝術美學做深入剖析介紹。

↑瓦曼特拉的聖像畫毯內容以天主教聖像為主，
　如聖母、耶穌、聖徒像等。

世界宗教博物館《墨西哥瓦曼特拉──聖母・聖像・花毯》特展系列活動表

序	日期	活動名稱
1.	0326	世界宗教博物館《墨西哥瓦曼特拉──聖母・聖像・花毯》特展開幕式──「花」現宗博館・「藝」起迎聖母活動
2.	0327	校園代表新春茶會──與墨西哥藝術家有約
3.	0409、0507、0603	卡里達聖母的繽紛裙襬──「墨西哥瓦曼特拉聖母・聖像・花毯」特展藝文教育教師研習
	0410	大FUN墨彩・墨西哥瓦曼特拉「聖母・聖像・花毯特展」講座──叢林之謎、古國傳奇
4.	0507、14	墨西哥戶外花毯嘉年華
5.	0515	大FUN墨彩・墨西哥瓦曼特拉「聖母・聖像・花毯特展」講座──瘋狂不眠夜，花毯迎聖母
	0612	大FUN墨彩・墨西哥瓦曼特拉「聖母・聖像・花毯特展」講座──不可思議的聖像藝術
	0604、26	世界宗教博物館於林本源園邸香玉簃廣場舉辦「墨西哥戶外花毯嘉年華活動」
	0730	世界宗教博物館舉辦「墨西哥瓦曼特拉 聖母・聖像・花毯」特展教育活動──浪漫一下・剪花趣。
6.	0703	「Hola Hola有墨趣專題講座」：邀請淡江大學美洲研究所所長陳小雀教授演講「熱情拉丁，奔放墨西哥」。
	0821	「Hola Hola有墨趣專題講座」：邀請台北市社區大學藝術課程講師楊衍昀老師演講「從旅行愛上藝術史──阿茲提克之前世今生」。
7.	0807	舉辦「墨西哥親子嘉年華──老爸的彩色情人衫」彩繪活動。
8.	0815	8月15日聖母升天節，免費提供親子同遊共賞《墨西哥瓦曼特拉──聖母・聖像・花毯》特展。
9.	0820	舉辦「墨趣十足工作坊」──時尚╳花藝「玉米也能玩創意」。
10.	0918	《墨西哥瓦曼特拉──聖母・聖像・花毯》撤展活動──天主教台北總教區的總主教洪山川祝聖降福。

台灣宗教建築縮影系列III
萬金聖母聖殿

↓在萬金聖詠團的聖樂當中，以鮮花表達對聖母的敬愛。

↑1870年重建的萬金聖母聖殿建築縮影。

世界宗教博物館「台灣宗教建築縮影系列」從2009年開始展出，帶領觀眾走過繁華台北城內的「艋舺龍山寺」，2010年邀約大眾一起仰望阿里山鄒族部落的「庫巴男子會所」，2011年則來到屏東萬巒的萬金村「萬金聖母聖殿」，並於6月16日至9月18日在世界宗教博物館和平交流廳展出。萬金聖母殿是台灣天主教友們必訪的朝聖之地，就如同「羅馬梵蒂岡」是全球天主教徒一生必去的朝聖點。

西班牙籍的天主教道明會神父郭德剛於1861年將信仰帶入純樸的萬金小村，並於1863年初建造西班牙古堡式「萬金聖母聖殿」，是台灣現存年代最早的天主教教堂，為重要的開教聖地；村內百分之八十以上的居民為天主教徒，其密度極高，亦為台灣之冠。

「萬金聖母聖殿」已有150年的歷史，期間曾遭到破壞，而在1870年重建後，以「始胎無染原罪聖母」作為「主保聖人」，守護教堂及所有萬金信徒，繼續傳揚天主的福音。1984年，梵蒂

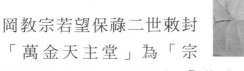

→萬金聖母殿盧懷信神父主持主導儀式。

岡教宗若望保祿二世敕封「萬金天主堂」為「宗座聖殿」後，尊稱為「萬金聖母聖殿」；聖殿乃是天主教會中第一級之教堂，享有教會中最高的神恩。

　　與墨西哥瓦曼特拉城為當地主保聖人「卡里達聖母」，歡慶聖母升天節的子夜遶境，有異曲同工之妙，「萬金聖母聖殿」在每年12月8日的主保瞻禮暨建堂堂慶中，舉辦大禮彌撒及萬金聖母遊行。慶典當天，聖母換上新衣乘聖轎「出巡」，遊行整個萬金村落，萬金村民與數以萬計的天主教徒聚集此地禮拜聖母，盛況猶如台灣「媽祖三月出巡」。

→萬金「始胎無染原罪聖母」聖像。

大悲・華嚴・覺有情

179

拾

October

月

春秋超薦祭典傳達善心孝道
收攝本心 度化人間

↑法師施予大眾甘露，淨化身口意業。

↑誦經、超度、迴向儀式，是以無形功德增加有形的力量。

靈鷲山佛教教團於每年的春季與秋季啟建超薦祭典，春季祭典都在清明時節期間舉辦，也是中國文化傳統裡強調慎終追遠、感恩的日子。春季祭典在此時以普施修法來度化一切有情，以慈悲喜捨的心接引累世累劫的父母、祖先離苦得樂。心道師父年初時曾經開示傳統文化的重要性，強調透過重視文化保存、倫理道德，世界才能息災免難、人心才能和諧安康。

心道師父以佛教的觀點解釋中國傳統文化「清明」的意義，「清」是清淨無染，「明」就是明心見性；而倫理道德為人之本源，若人人照顧好道德之心，時刻提醒自己感念父母恩，透過誦經、超度、迴向的儀式收攝本心，安定妄動的靈魂，透過意念傳達善心孝道，就能形成度化人間的無窮力。

對於近年來災難頻傳、人心不調，都是由於人的三毒、五毒，貪、瞋、癡、慢、疑所產生的。因此，心道師父強調要以「諸惡莫作、眾善奉行」，來改變災難發生的因，才能不落入因

↑為歷代祖先、冤親債主超拔離苦，往生極樂。
←在儀式中收攝本心，安定妄動的靈魂，形成度化人間的力量。

果環扣的生死輪迴之中，期望大眾在學佛的善因裡面，一起精進、一起努力，以持念〈大悲咒〉找回本來面目，讓修行能夠成就，在今生與觀音菩薩的願力契合，並在觀音菩薩的慈悲引導之下，生生世世不退轉，願成佛、度眾生。

心道師父廣州六榕寺升座說法
相應觀音法門 現場法喜充滿

↑心道師父傳授九分禪。

↑佛法難聞今已聞，以精進作為供養。

心道師父10月4日到6日應廣州六榕寺常住之邀，舉辦為期3天的觀音法門及禪修課程。廣州六榕寺是當初六祖慧能大師剃髮出家的道場，現今還保存六祖當初剃度留下來的髮塔。

此行，心道師父將自身修習觀音法門以及寂靜禪修的體悟與大家分享，一連3天的課程教導與寂靜修實修指導，讓信眾對觀音法門有深入的了解，也對禪修打坐多了一分的體驗。心道師父初次於六榕寺升座說法，受六祖慧能大師曾經佇留的磁場加被，聽法者與說法者相應於一時一處，現場法喜充滿。

第1天的觀音法門講授，心道師父講述自己從對觀音的感恩到跟隨觀音的願力，以及一路以來對觀音法門的堅信與修持，是自己菩提心堅固的主要之因。第2、3天的課程，心道師父於禪修教授前指導佛弟子應有的學佛態度，從皈依發心到了解生死無常、因果業力，進而能夠將佛法深刻地運用在生活中，幫助自己也幫助別人解脫痛苦，而禪修的實際體驗則是透過禪修找到自己的心，幫助自己清楚明白。

↑心道師父親自帶領大眾行禪，個個專注絲毫不苟。
→大眾跟隨心道師父的帶領，感受安靜祥和的禪悅之喜。

人悲·華嚴·覺有情

166

心性的收攝
01/03~10/16
僧眾四季精進閉關

↑ 體會每一步，知覺走路的節奏感，靜靜地聽。

↑ 觀照呼吸，讓心與呼吸相互呈現出心的光明。

無生道場自1984年創立之後，來山的信眾逐漸增多，而心道師父攝受的出家弟子也越來越多。1987年，作為禪宗導師的心道師父，在靈鷲山無生道場正式舉辦第一次內眾斷食禪三。緣於心道師父對出家弟子的護念與慈悲，並且希望藉由每一季的閉關，開啟一個善的緣起，讓僧眾有自我調整的機會，期望僧眾藉著莊嚴自身、收攝六根，在感恩、反省與懺悔中，迴向自心的正覺菩提，也長養利他的菩提心，精進辦道，因而在1991年開始，將四季閉關禪修作為僧眾每年例行的收攝。

心道師父說，「出家人修行、打坐、成道、度生，這個是我們本份的事，也是我們最快樂的事。藉由禪修閉關來覺察自己微細的心念，修行這種內證的工作，如果做不好的話，我們的心就非常地散亂、非常地粗魯，也就沒有辦法去體會到佛法微細的理念；體證要從禪修下手，在禪修裡面觀察、突破。希望大家能夠把握時間開悟、能夠明白自己的心性，證悟到我們的本來面目。」

春季禪十閉關，
心道師父親自帶領弟子於十一面觀音行禪。

大悲‧華嚴‧覺有情

187

心道師父也於多次精進閉關開示指出，「生命服務生命、生命奉獻生命」、「生活及福田、工作即修行」。僧眾一年4次的閉關，不論是7天或是10天，閉關的修練是為了養成禪修的慣性，要把禪修延續、擴大到日常生活當中，要在工作中過著離相的生活，在生活中懂得耕耘的生活；藉由每一次的閉關，讓僧眾對於佛法、教法有所啟思，並且有更深入的體會。

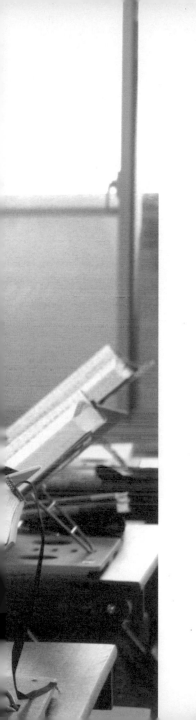

→以閉關反省、洗滌心靈，凝聚能量，面對新的挑戰。

心道師父期許僧眾，「我們一定要把傳承做好，我們若能好好地繼承佛法，將佛陀的法脈傳承下去，那是對佛陀的一大感恩，也是我們與未來眾生的一個大福報。而學佛的目的就是為了解決我們生命的問題，解脫煩惱、了脫生死，超脫輪迴生死苦海，讓我們能夠真正地離苦得樂。」

僧眾四季閉關時程表

日期	關期	內容	對象
01/03~16	冬季閉關	華嚴閉關	內眾法師、在家居士
04/17~27	春季閉關	禪十閉關	內眾法師
08/31~09/09、10/09~16	秋季閉關	禪十閉關	內眾法師

拾壹

November

月

西區護法會啟建觀音薈供法會
懺除罪障 圓滿福德

↑大眾在法會中祈請懺除業障、累積福德。

↑西區護法們為上師獻上妙音供養。

「大悲觀音薈供」法會是靈鷲山西區護法會年度盛事，從2009年開始，西區護法會都會在年終時，禮請心道師父啟建「大悲觀音薈供」法會，希求上師加持弟子們來年能平安順心，並以此作為年終的收攝與沉潛。

所謂「薈供」是對自身的佛壇城獻上薈供，故能了解自身為佛的壇城，即為智慧資糧，獻上薈供即圓滿福德資糧，亦即能達成暫時與究竟的願望。薈供是上供諸佛菩薩，下施六道眾生，當中包括上師三寶、空行護法、瑜伽男女、六道眾生，以及自己的冤親債主。在薈供當日，每一位密乘行者都會在薈供的壇城中，至誠地懺悔自己與戒律相違的過失，令自己重得清淨。而「大悲觀音薈供」就是以大悲觀音為主的薈供法門。

伊喜措嘉佛母曾說過，「任於上旬的初八、初十、十五或下旬二十五日作薈供一次，可斷三惡道之門。」如此，將已墮入三惡道的人作一次薈供後，沒有再造新的惡業，以前毀壞根本支分

薈供是具足「息災、增益、懷攝、誅滅」的殊勝修法。

三昧耶等各種戒律和十惡等諸業障都會消除，
因此，薈供不只是累積福德資糧，也能藉由在
法會中懺悔而消除罪障。

↑大眾依依不捨恭送心道師父。

宗博館十週年系列活動
推動愛與和平心靈饗宴

11/06

↑心道師父感謝大家，廿年來用生命點滴互相輝映，成就不朽的典範。

靈鷲山開山住持，同時也是世界宗教博物館創辦人心道師父，早在20多年前即開始積極奔走世界各地，馬不停蹄地與各宗教人士進行和平對話交流，回應全球倫理的新時代。

2001，年世界宗教博物館歷經10年篳路藍縷正式落成，為靈鷲山第一個實踐和平目標的心靈工程。同期間，為持續促進跨宗教間的分享與互動，心道師父亦於紐約創辦國際非政府組織「愛與和平地球家」(Global Family for Love and Peace)，作為志業的延伸，展開一系列的「回佛對談」。至今，該系列對談已舉辦有12場，足跡遍及全球5大洲11個國家。

10月8日，靈鷲山紐約道場於紐約法拉盛市政廳舉行世界宗教博物館開館10年「LOVE & PEACE 愛與和平慶祝大會」，率先為慶祝世界宗教博物館10週年的一系列館慶活動揭開序幕。會中，包括印度教、基督教、佛教、伊斯蘭教教長等各宗教代表，以及各界賢達人士皆前來與會，共同祝願世界博愛與和平。

↓心道師父與各宗教領袖共同給予授勳帶加持與祝福，注入滿滿的能量。

　　11月9日當天，全球第一座介紹世界各宗教，以生命教育為推廣主題的世界宗教博物館已走過10個年頭，與會嘉賓包括行政院長吳敦義、中國國家宗教事務局張樂斌副局長、中國國家宗教事務局港澳台辦薛樹琪處長、北京首都博物館館長郭小凌、全國商業總會理事長張平沼、佛光山住持心培和尚、中國佛教協會副會長暨深圳弘法寺方丈印順和尚、錫克教宗教領袖Bhai Sahib Mohinder Singh長老、全印伊瑪目與清真寺組織回教教長Umer Ahmed Ilyasi、羅耀拉瑪利蒙特大學James Fredericks神父、印度教宗

教領袖Swami Shantatmananda上師、日本神道教代表三橋健、世界宗教議事大會主席Abdul Malik Mujahid、聯合國研究員Pro. Boehle Josef、美國包容博物館館長Liebe Geft、英國格拉斯哥宗

Happy Birthday宗博！　十年有成、幸福連連，共願未來攜手為世界和平繼續努力。

大悲・華嚴・覺有情

195

←聖水及聖沙融合，代表著各宗教對和平的祝禱，也象徵著消弭衝突與歧見。

教博物館經理Sandra Ewiri、俄羅斯聖彼德堡國家博物館研究部副主任Ekaterina Teryukova、古倫愛馬仕和平基金會創始人暨主席Mr. Simon Guerrand-Herms、香港旭日集團董事長楊釗等各宗教領袖、專業人士與企業代表，還有一路相伴的支持者，大家齊聚一堂慶賀世界宗教博物館10週年生日。另外，國際知名設計師Dr. Ralph Appelbaum、哈佛大學世界宗教研究中心主任Dr. Lawrence Sullivan，以及全球宗教女性領袖和平運動創始人Ms. Dena Merriam等，也特別以影片方式祝賀世界宗教博物館10週年館慶。

世界宗教博物館10週年慶，以「聖沙聖水融合祈福儀式」揭幕，心道法師會同各國重要貴賓齊聚7樓金色大廳，將來自世界各處聖地的聖沙、聖水，透過各宗教虔誠的祝禱與祈福注入融合，象徵著歧見、衝突的弭平，也代表宗教界一起承擔面對世界危機的挑戰，以及宗博館對「和平」理念的堅持。這股凝聚眾人的生命覺醒，與對和平渴求的動力，正是宗博館最可貴的創館精神。

11月9日晚間，靈鷲山佛教教團暨世界宗教博物館於台北國際會議中心舉辦「心和平之夜」，與會者超過3,000人，晚會上除了有撫慰心靈的天籟饗宴，更有國際來賓、護法委員們和大眾一同高舉授勳帶，彼此見證與分享世界宗教博物館10週年的榮耀，在場每位都因著這份榮耀而感動欣慰。

←齊誦祝賀文，願彼此包容每一個族群。

　　10年來，世界宗教博物館這座跨宗教交流與對話的平台，因「愛與和平地球家」的共同理念，凝聚來自各界的善念，啟發無數人心對於和平的正視，心道師父期待匯聚真心的祈福願力，點燃世人心中的和平燈，以及溫暖世界上仍然黑暗的角落。同時也期許世界宗教博物館能成為全台2,300萬人的生命幸福學堂，讓生命教育的種籽深植人心，開出宗教和諧、地球平安的豐碩果實。

　　心道師父表示，「從籌備、建館、開館，直至今日，宗博館除了用熱情與理想號召認同與支持外，別無所有。但所有的支持者還是始終如一，把宗博館『尊重、包容、博愛』的理念不斷地擴散出去。10年前，我們將開館日訂為『世界宗教和諧日』，期盼能促進『世界和諧，地球平安』；10年後，更期許能因為信念而和諧，因為愛心而行動，永續傳承，創造『愛與和平』的地球家庭。」

宗博館十週年紀念特展
智慧華嚴—北京首博館文物展

11/09~2012/01/08

↑心道師父與國際來賓們一同為宗博館智慧華嚴特展剪綵開幕。

台北世界宗教博物館10月28日於北京首都博物館舉辦兩館合作交流展暨世界宗教博物館10週年館慶活動新聞發佈會，約有200多名來自北京各界貴賓與會，其中包括國務院台灣事務辦公室交流局局長程金中、前宗教局局長葉小文、中央統戰部台灣會館郝駿副主任等人。

葉小文表示，這次活動讓他有感於世界宗教博物館創辦人心道師父以小見大的宗教情懷，也佩服首都博物館以大容小的文化精神。

世界宗教博物館創辦人心道師父則致詞感謝首都博物館提供上百件珍貴的文物予台北世界宗教博物館展出，並在會上闡述博物館透過宗教文物展示來彰顯生命教育的理想。國台辦交流局局長程金中也致詞表示，樂見兩館以中華傳統文化、佛教文化相互交流，並祝願智慧華嚴宗教文化藝術展圓滿成功，每位嘉賓和大德心想事成。

↓北京首博館資深研究員黃春和教授（前排右1）為來賓做專業深入的解說。

　　11月3日當天上午，台北世界宗教博物館舉辦文物開箱記者會，率先呈現漢傳代表「普賢菩薩」像及藏傳代表「廣目天王」像，現場邀請北京首都博物館資深研究員暨北京聯合大學民族與宗教研究所客座教授黃春和精采說明。

　　為了呼應心道師父當年將佛教華嚴世界的精神，轉化為世界宗教博物館「尊重·包容·博愛」的創館理念，首都博物館精選102件佛教文物，以其豐富而深遠的文化內涵來呈現華嚴經中的名言「一花一世界，一葉一菩提」，包括雕塑、繡經、佛畫、唐卡和法器等以千姿百態的藝術造

型、形式多樣的造像手法，和種類繁多的題材，各展風采，交相輝映，充分揭示傳統漢藏佛教文化的深厚底蘊和獨特魅力，讓所有台灣觀眾既能從中獲得佛教歷史文物的豐富知識，也能感受佛教藝術莊嚴神聖、寧靜自在的藝術魅力，體悟佛教核心精神「慈悲與智慧」的真諦。

　　11月9日為世界宗教博物館開館紀念日，重頭戲還有10週年系列特展一同揭幕剪綵，包括「智慧華嚴——北京首都博物館佛教文物珍藏展」、「世界宗教博物館十週年——館史暨祝賀特展」、「覺有情

心道師父與貴賓一起欣賞珍貴的寶物。

——慎雲漢堂佛教文物收藏展」等。其中「智慧華嚴——北京首都博物館佛教文物珍藏展」是百年難得一見的佛教文物大展，以多元的佛教文化內涵以及深厚的藝術美感，吸引更多觀眾到世界宗教博物館一睹北京身為五朝帝都，在佛教藝術發展上的恢弘氣度，展覽期間自2011年11月9日至2012年1月8日止。

在世界宗教博物館入口處高懸「百千法門，同歸方寸」的箴言，方寸就是「心」，是萬法之源，透過大家的發心支持，以「1人100元蓋宗博」見證了積沙成塔力量的可貴，感恩所有跟隨、參與、陪伴這項志業誕生成長的護持者，以及遍及全球各界的好朋友，大家用生命點滴相互輝映，來成就這個傳世不朽的成果。世界宗教博物館期待以此平台，繼續提供社會大眾一個藝術與靈性對話以及宗教合作的平台，讓世界和諧、地球平安。

↑貴賓們藉由參觀智慧華嚴特展，體悟慈悲與智慧的佛教核心精神。

宗博館十週年國際研討會
跨宗教對話 推動世界和平

11/09~11

↑第一場座談：世界宗教博物館對社會變革性的影響。

↑第三天議程A組：全球化下博物館的角色與功能。

世界宗教博物館10週年館慶系列活動暨三大特展，以及為期3天的「世界宗教博物館十週年國際研討會」，於11月9日同步展開。世界宗教博物館創建至今已邁入第10年，創辦的初衷在經歷這10年的世界期待與社會的考驗之下，成功地成為一座以跨宗教溝通平台與生命教育為主的世界級博物館。10週年慶不僅僅代表世界宗教博物館的榮耀，也象徵世界和平向前邁進。細數世界宗教博物館的國際交流成果，與長期致力於推動生命教育的種種用心，倍受世界關注以及肯定。

此次國際研討會邀集全球各宗教類博物館代表，包括佛教、祆教、天主教、印度教、錫克教、神道教、伊斯蘭教等各宗教領袖，以及關注宗教和平的企業人士與會，在「宗教和諧・地球一家」的理念之下，共同研討如何以世界宗教博物館「尊重・包容・博愛」的開館精神，將其經驗持續複製至全球各地，成為開啟和平對話的平台，推動世界和平。

如同心道師父所說，「和平不是自己會發生的，我們必須透過宗教來啟發它、透過對話來創造它、透過教育來延續它，才能共同散播和平的種子。」

參與此次研討會的各界菁英，在會議中以「世界宗教博物館對社會變革性的影響」、「如何建立一座世界宗教博物館」、「世界宗教博物館形象的建立與未來推廣」三大主題，探討博物館的規劃、管理、營運、行銷等各方面的議題。藉由此次論壇，彼此交流經驗，提出具體建議，共同打造世界宗教博物館未來的契機。

↑ 宗博十週年國際研討會全員大合照。
↓ 第三天議程B組：伯明罕宗博館工作小組會議。

大悲・華嚴・覺有情

宗博館十週年慶
心道師父開幕致詞

↑ 與會者專注聆聽。

↑ 國際研討會與會者實地參訪宗博館。

各位來自全球的宗教領袖、博物館界專家以及各位老朋友、新朋友，早上好，歡迎大家：

很高興我們在台灣永和這個城市相聚，與世界各地的朋友共同參與宗博館10週年的館慶活動。這個10年難得的聚會，包含很多層面的意義，其中最重要的是象徵這10年來，我們對於創館理念的堅持與用心，這份努力，在全世界得到廣泛的認同與迴響。

從建館、開館到今天，這10年走來，我們沒有錢，沒有資源，除了用熱情與理想，去號召認同與支持之外，我們一無所有，走到今天，雖然千般周折、萬般心情，對於信念，我們還是始終如一；只有這份承擔的勇氣，我們才能把宗博「尊重、包容、博愛」的理念，不斷的擴散出去，在人類歷史上，鑄印下嶄新的和平圖騰。

10年前，我們將「開館日」訂為「世界宗教和諧日」，期待促進「世界和諧、地球平安」的共願；10年後，此時此刻，我們

更期許，能因為信念而和諧，因為愛心而行動，把這份信念，永續傳承下去。今天的儀式，我們將來自全球各地的聖沙與聖水融合在一起，它象徵宗教界一起承擔面對世界危機的挑戰，以及宗博館對「和平」理念的堅持。讓我們共同努力，來確保人類的平安未來，創造「愛與和平」的地球家庭。

今天，還有北京首都博物館，為台灣朋友特別帶來「智慧華嚴」的稀世珍藏，共有102件寶物，第一次在台展出，這些都是歷史上佛教文化的藝術極致，感謝北京首都博物館的胸懷，共同成就人類歷史的智慧精華，也冀望宗博館「一即一切、真心無礙」的華嚴理念，映現這一次兩館的攜手合作，無疑是精神與藝術的完美貢獻。

感恩大家的蒞臨，謝謝大家！

→心道師父開幕致詞時表示，期許能將「因為信念而和諧，因為愛心而行動」的理念，永續傳承下去。

大悲・華嚴・覺有情

205

高屏百萬〈大悲咒〉心靈之夜
以正念經營生活點滴

11/18

自2011年初以來，高屏講堂發起跟隨心道師父的百萬〈大悲咒〉度災劫的大願呼籲，至今已經累計破300萬遍。高屏講堂特於11月18日在高雄舉辦「百萬〈大悲咒〉心靈之夜」，主角是每一位精進發心的菩薩，心道師父也專程南下與高屏信眾溫馨相聚。

心道師父以「一切唯心造」引導大家思考，「佛法說一切都是因緣果報。積極正面去經營自己的生命生活，以及共生的生態，在聯繫中把眾生彼此的記憶串連起來，形成共同未來要走的路。並強調，「〈大悲咒〉就是大慈悲心，心心念念，把大慈悲心念出來，我們就有很多的福氣，所以我們環扣在一起，發出我們的愛，來推廣〈大悲咒〉。」

↑心道師父特別在晚會上鼓勵高屏講堂舉辦的「百萬大悲咒」的持誦，累計破300萬遍。

心道師父期許，每天精進修行持誦〈大悲咒〉108遍，念轉心轉，以此轉換不好的運氣，也用〈大悲咒〉來利益世界。人生

↓心道師父帶領大眾做九分禪。

如果沒有愛、沒有大悲心,就如同枯燥的生命般逐漸崩解頹敗,而〈大悲咒〉就像雨水潤澤大地,可以滋潤一切生命的生長。

以善與歡喜

讓自己解脫

生命服務生命

生命奉獻生命

大眾合唱「無盡的奉獻」

大悲・華嚴・覺有情

11/24

泰國水患持續不退
靈鷲山與泰國僧王寺聯手救災

今年10月泰國遭逢半世紀以來最嚴重的水患，直至12月尚有20餘個地區積水不退，災民無家可歸，讓心道師父相當憂心。心繫災情的心道師父除了公開呼籲為泰國祈福外，並交付靈鷲山慈善基金會盡速動員海內外各界善信，匯集勸募物資，緊急捐助援助物資發放，並與泰國僧王寺共同聯手賑災。

11月24日，靈鷲山法師會同志工一行16人，搭乘僧王寺的賑災專車行列，前往曼谷西郊暖武里府(Notha-Brui)多處的收容所、寺廟等進行物資發放。志工們將「愛心包」送至災民手中，內有飲用水、白米、罐頭、媽媽麵、簡易藥品袋、蚊香等，對於仍處於水深火熱、三餐不繼的災民來說，是最迫切的需要。

直至12月1日，泰國世紀洪災全國受災區域超過7成，低窪地區積水仍未退去，雖然後續重建工作持續進行，但是仍有許多貧窮受困的災民無家可歸，在國際新聞的淡忘中，這些災區亦逐漸被遺忘在世界的一角。當時正在國外行腳弘法的心道師父，仍密

↑靈鷲山慈善基金會拜訪泰國駐台代表陳銘政(左1)，
表達關懷與支持。

↑發送「愛心包」，解決災民最迫切的需要。
↓靈鷲山與泰國僧王寺聯合救災。

切指示靈鷲山泰國講堂與僧王寺保持合作，讓
逐漸被遺忘的受困災區，能持續得到援助。

　　心道師父期待在全球化時代，每個人都能
發揮共患難的精神，唯有體會人飢己飢、人溺
己溺，並願盡一己之力、伸出援手，給災民一
分支持，讓他們度過危難，擴大我們的愛心，
才會是地球平安的基石。

馬來西亞啟建觀音薈供法會
度生救苦 鞏固慈心正念

↑感謝馬來西亞的護法們，為利有情而發的大心。

心道師父11月奔波東南亞四國，首站前往久違的馬來西亞，舉行年度的「大悲觀音薈供法會」。馬來西亞志工年輕一代菁英輩出，心道師父期許佛法傳承潛力無限。

法會圓滿時，心道師父表示，「2012年地球災難多，我們會到哪裡？不管在哪裡，都要靠善業福報。所以，現在要趕搭觀音菩薩這條船，帶領大家脫離苦海，而救苦救難的方法，唯有多發正念行善。大家要發願持〈大悲咒〉，修大悲法門，讓觀音菩薩成為我們的老師，跟著祂的腳步走，跟著觀音菩薩發慈悲喜捨的弘願，度一切眾生，這是法會最大目的。」

全球環境惡化，災變頻傳不息，心道師父時刻盡力推行〈大悲咒〉，希望在地球多災多難的時期，用〈大悲咒〉鞏固大眾的正念與慈悲，讓眾生轉換貪瞋癡累積的共業，用〈大悲咒〉來撫平地球的不安。

大悲・華嚴・覺有情

↑心道師父親自為弟子加持。
→在會眾期待已久的觀音薈供法會上，座無虛席。

印度新德里全球佛教大會
師父發表化解暴力衝突演說

11/27～30

11月27日至30日，心道師父在馬來西亞行程圓滿後，旋即前往印度新德里參加由「阿育王使命」（Asoka Mission）佛教組織所發起「全球佛教大會」（Global Buddhist Congregation 2011）。4天的會議中，有來自46個國家近800名的三乘佛教高僧、學者、政府官員及信徒與會。

心道師父受大會之邀於29日發表「如何化解暴力與衝突」演講，其引述自身從小生活在戰亂的滇緬邊境的經驗，目睹人類戰爭所造成的傷害與殘酷，並期盼全世界的佛教徒，「以謙卑和尊重連結宗教的大愛，一起來面對人類共同的危機，轉化人心的貪婪，化解一切暴力與衝突，成為良善的循環，讓地球平安」。

作為一位佛教的比丘，且經歷長期的閉關禪修之後，心道師父更清楚地透視各種紛爭、暴力與衝突，幾乎都是來自於人心的貪婪、傲慢與瞋恨，於是發願將和平的種子散播到每個人的心中。身為佛教徒對世界的責任，應該融合三乘佛教，並且學習其

↑來自全球三乘佛教高僧、學者、信徒及政府官員。

心道師父以宗博館作為立論，闡述
透過宗教合作而落實和平的契機。

他宗教的長處，將佛教弘傳於全球，更進
一步建立佛教與各宗教之間溝通的平台，
心道師父認為「只有人心轉化，衝突才能
轉化」。而在歷經10年艱苦的籌備之後，
心道師父終於在2001年創立「世界宗教博
物館」，希望以此作為全人類跨宗教、文
化的對話平台，從內心的和平推展至世界
的和平。

「全球佛教大會」閉幕式於11月30日
在新德里ASHOK飯店舉行，適逢佛陀成
道證悟兩千六百年，大會在閉幕式上贈予
各國代表每人一株菩提樹苗，象徵佛法的
弘傳自印度發源地，繼續在全球各地開枝
散葉。

大悲・華嚴・覺有情

拾
貳
月

December

第十屆緬甸供萬僧朝聖
發願追隨佛陀以證佛法

12/01~12/07

↑ 香蕉與椰子是緬甸傳統的供品。

2002年由心道師父發起，在香港弟子楊釗居士的護持之下，來自台灣、香港、印尼、澳洲各地百餘位弟子，首度展開緬甸朝聖供萬僧之旅；2011年是「緬甸供萬僧朝聖」的第10年，心道師父非常歡喜大家能夠來到這塊佛土供養萬僧，也祈願每個人都能證得清淨解脫的果報。

心道師父出生在緬甸，兒時顛沛流浪的生活雖苦，但對這塊土地的回憶卻是甜美的。30多年後，心道師父重回緬甸，這裡的人們感覺卻還是像他離開時一般自然天成。也因此，心道師父希望能讓更多的人來到緬甸，感受最接近佛陀時代的淨土。

緬甸也是南傳佛教保存最為完整的所在，佛教寺廟、佛塔、佛像在政府的刻意維修保護下極有可觀之處。最特別的是，在緬甸的佛教充滿生機，影響深入廣大人民生活的各個層面，許多將近千年的古廟、大佛像前，至今人潮不絕，頂禮、膜拜、沉思、靜坐者更是處處可見，整體社會也因此充滿祥和之氣。

↑ 第一場緬甸供萬僧於仰光佛牙塔展開。

←心道師父帶領四眾弟子繞六層寺大臥佛。

在這次供萬僧期間，心道師父開示，「緬甸這個寶地是人類心靈最後的一塊淨土，它擁有最多實修的尊者和成就的羅漢，尤其到現在還能處處看到許多秉持佛陀時代的托缽修行人，讓我們更有決心追隨佛陀並得以證得佛法。」純淨的佛國，不在於豐盛的物質，而是留下人類最豐盛的智慧結晶，千年如一日，不增不減、不垢不淨，讓心靈的光芒不滅，照見本來面目。

↓ 第二場供僧：柏固地區佳克溫佛學院。

2011年緬甸供萬僧行程表

序	日期	地區	對象
1	12/1	仰光(Yangon)	佛牙塔(Buddha Tooth Relic Pagoda)
2	12/2	柏固(Pegu)	佳克溫佛學院(Kha Khat Wain Kyaung)
3	12/2	仰光(Yangon)	六層寺(Chauk Htat Gyi Buddha)
4	12/4	東枝 (Taunggyi)	茵萊湖(Inle Lake)

尋找不隨境轉的真心
靈鷲山禪修課程推廣

03/13~12/11

↑ 參加雲水禪，一次比一次更能體會禪修的愉悅。

↑ 最有氧的，莫過於在森林裡深呼吸。

靈鷲山雲水禪以斷食結合禪修，學習心道師父「寂靜修」的殊勝法門。「寂靜修」是心道師父歷經多年苦行的親身體悟，融通觀音法門的珍貴法寶。藉由簡單正確的禪修方法，讓大家獲得內心平靜，再將心靈安定的歡喜力量，擴散到家庭社會，讓人間充滿平安，在紛亂的世界，建設和平的基礎。

「禪修」，對健康來說，可以放鬆身心，減輕壓力，消除疲勞，疏通全身的氣血循環，強化免疫，不容易生病，隨時隨地都充滿活力，還能心境快樂、廣結善緣。透過「禪坐」，使身心更健康，進一步開啟智慧、達到身心靈平衡。

「斷食」並非「禁食」，「斷食」是清潔體內毒素的妙方，可幫助身體重建細胞組織、減緩老化，助益皮膚，增長壽命。將之配合正確的禪法，更可以強化健康，開發心智，敏銳感官、增進記憶，提昇個人生命、精神及靈性潛能。雲水禪三與禪七配合「有機蔬菜汁斷食」，嚴格精選潔淨有機蔬菜，讓禪修者在短短的幾天當中，得到身心內外的洗滌。

在廣闊面海的開山聖殿前，以養身功法舒展筋骨。

為了讓現代年輕人體驗禪修的好處，靈鷲山自2010年開始舉辦「哈佛族雲水禪」的佛學暨禪修課程。2天1夜的課程安排包括〈專題課程〉、〈靈山尋寶〉、〈與法有約〉、〈靈山禪鼓〉、〈佛門行儀基本入門〉、〈我們的禪師〉等課程，並結合雲水一日禪的實坐課程，以輕鬆活潑的方式讓初接觸佛法的青年朋友能快樂學習佛法、愛上禪修。

禪修對現代人的好處，心道師父曾開示，「現代資訊充斥，每個人不斷向外擴

禪修讓參與學員們隨時都充滿活力，心境快樂，廣結善緣。

↓年輕人藉由哈佛族雲水禪，找回內心的那盞明燈。

張追求，向內求的時間很少，再加上社會上真真假假、假假真真，也不曉得選擇哪一個才正確，我們常常失去了自己，一直想要抓取一個東西，來得到安全感。而透過打坐可以創造出能量，從禪修裡面找到自己，不讓自己隨波逐流、隨境而轉。」

舉辦場次

場 次	時 間 表
雲水禪一	3/13、4/15、5/15、6/10、7/10、8/14、9/18、10/2、11/11、12/11
雲水禪三	3/25~27、4/8~10、6/24~26、7/26~28、8/26~28、9/23~25、11/25~27
雲水禪七	5/14~20、7/18~24、10/24~30、12/19~25
企業禪	4/30、7/15
哈佛族雲水禪	3/12~13、5/14~15、7/9~10、10/1~2、12/10~11

坐見本心 照見本來
師父於雲水禪三圓滿開示

什麼是禪？禪就是要把我們的心找回來，把我們的本來面目找回來。什麼是本來面目？絕對不是這個身體。身體只是一個房子，房子住壞了就要換，如果還能修理的話，就修一修，多用一用，不能修理就要放在棺材裡面火化掉了。我們的靈性就住在身體這個房子裡面，不會老也不會死，雖然常常在換房子，也不知道換了多少間，它卻還是那麼年輕，還是那樣長壽。可是，我們卻誤認為這個身體就是自己，永遠都不會死。我們的身體每一秒鐘都在新陳代謝、都在變化、都在老化。所以我們要認清楚，什麼才是真正不會死的自己。

坐禪當然可以讓我們的身體年輕、細胞活化、身心健康。但是，坐禪不只是為了這個目的，我們的目的是找到未生以前的本來面目。在父母未生我們以前，我們還沒有造型以前，非男非女、非有非無的時候，我們的本來面目是什麼？坐禪如果是坐身體，在身體裡面一直打轉，那是在浪費時間，我們要在心上用心，而不是執著在身體上。人身難得，要做人真的很不容易，

坐禪就是坐心，找到自己生命的永恒。

所以我們既然做了人，就要尋找真實的自己。通常我們一直流浪在生死裡面，我們剛剛變成人，剛剛過得不錯的時候，就死掉了。生命真的是很滑稽，這個頭出來，那個頭就沒下去，我們一直在頭出頭沒的生死變化中輪迴，所以我們要真真實實地尋找到自己生命的永恆。

我們這個身體怎麼坐都會死掉，怎麼坐都是無常。所以坐禪就是坐心，心怎麼坐？心住心位叫做禪。心怎麼住心位呢？用呼吸，讓我們的心止在呼吸，從這裡慢慢地去「touch」（英語：接觸）心，我們從出入息可以「touch」到心，也可以用聽去安住這個心。聽，怎麼聽？誰在聽？寂

靜無聲，是寂靜嗎？無聲嗎？既然寂靜又無聲，那什麼人在聽呢？聽什麼？因為無聲，又要聽，那聽什麼？就是聽心，聽久了就知道心；不聽，就不知道心是什麼。

當初，釋迦牟尼佛將禪宗法脈傳給大迦葉的時候，叫做以心印心、以心見心。祂拿了一朵花想要引導徒弟開悟，在那麼多徒弟裡面，唯有大迦葉明白祂拿一朵花比來比去的道理，所以大迦葉就跟著世尊微笑，笑什麼？釋迦牟尼佛的心在哪裡？見在哪裡？大迦葉的見在哪裡？心在哪裡？因為大迦葉是一位苦行的僧侶，他都在墳場修行，在野外空蕩的地方很努力地禪修，很少住在房子裡。所以能夠脫落一切的現象跟束縛，脫落心的現象跟束縛。所以世尊對大迦葉說「吾有正法眼藏，涅槃妙心，實相無相，傳授於汝」，就把這個法就傳給了大迦葉。之後，釋迦佛就交代他到雲南的雞足山禪修，等待彌勒佛的降世，然後把世尊的袈裟跟缽交給祂。所以大迦葉就在雞足山坐禪，等待彌勒佛降世，千百年來，你想他這樣坐得住嗎？他是用身體坐，還是用心坐呢？

所以，大家要知道坐禪就是坐心、聽心。坐禪聽心，有沒有感覺你在聽？聽心，聽寂

靜。寂靜跟你有什麼關係？你怎麼知道？聽心，聽心才會入心、才會坐心；你如果沒有聽心，就不會入心、就不坐心。禪宗從世尊到西天二十八祖，再到東土的歷代祖師都是這麼講。所以學禪、坐禪都要離相；不離相，那是找不到心的。所以，坐禪不能在相裡打轉，一切相都是「如夢幻泡影，如露亦如電」。這也是為什麼坐禪的人要非常熟《金剛經》，這樣才能夠應用《金剛經》的觀照法、實相法來禪修，那我們對心就會很有體會。要不然，我們就會像魔術師一樣，東抓一個、西抓一個來當作心，但是我們的心不是魔術，不能夠這樣東抓一個、西抓一個來當作心。心就是無心可得、無物可取，我們只能以心印心、以心傳心、以心見心。

全球寧靜運動
回歸清淨無染的初心

↑心道師父帶領大眾宣讀「寧靜運動宣言」。

↑心道師父帶領大家一起行禪。

2011年12月17日，心道師父及其所帶領的靈鷲山佛教教團，假新北市新莊體育場舉辦「2011全球寧靜運動——寧靜大會師」，旨在期許將寧靜運動及愛地球九大生活主張推向全世界，透過寧靜發揮我們的善心，與人、與地球對話；透過對話，彼此溝通、彼此相容。靈鷲山佛教教團以寧靜為獻禮，祈祝全體地球公民在動盪的時局中皆能身心靜定，回歸清淨無染的初心。。

全球寧靜運動是由靈鷲山教團創辦人心道師父所發起推行的活動，心道師父有感於天災人禍不斷、社會紛擾不安，此刻人類最缺乏的不是物質，而是心中的那份「寧靜」與「自在」。為了找回「簡單」、「樸質」、「寧靜」的心靈，靈鷲山佛教教團在心道師父的帶領下，於2003年在宜蘭縣羅東發起「萬人禪修活動」，至2008年從「萬人禪修」擴展為「全民寧靜運動」，並於2009年擴大發展為「全球寧靜運動」；而2011年更與新北市政府攜手合作，以「2011全球寧靜運動——寧靜大會師」獻給新北市的全體市民，期許以新北市為出發點，將寧靜氛圍推廣至全

國，進而向全世界傳遞出去，讓寧靜運動的理念落實在每個人的生活中。

　　活動當天新莊體育場戶外林蔭大道上設有「愛地球九大生活市集」，各類特色攤位分以「愛地球九大生活主題宣導」、「新北市有機農產品展售」、「綠色生活主題相關商品或科技展示」三大特色來規劃。午後在新莊體育場的陽光草坪舉行的「寧靜音樂會」由文壇才子郭強生擔綱主持，表演分成「音樂演出」、「寧靜分享」、「寧靜體驗」三部份，為忙碌的都市人帶來寧靜舒壓的心靈之旅。

　　活動尾聲，眾人合力轉動寧靜手環，為自己的心靈再次注入安定沉著的力量，完成寧靜誓師。心道師父更親自帶領「動中禪」，帶領大眾體驗回歸自心，聆聽寂靜，聆聽自己的心聲，將心歸零，寧靜下來。心道師父表示，「寧靜是和平的泉源，是萬物新生的力量」，享受自己跟自己在一起的美好，讓每一步伐都充滿了平和與喜樂，不再行色匆匆，從日常生活的紛擾中解脫，開發生命無限的潛能，創造生命美好的記憶。

寧靜誓師 —— 轉動寧靜的力量。

打造智慧遍在的華嚴世界
慧命成長學院課程

↑綜合瑜珈與禪的樂活瑜珈，充分舒緩疲勞與壓力。

秉承心道師父的教育職志，「慧命成長學院」尊重佛法的正統、傳承，以《菩提道次第廣論》為骨幹作課程設計，於慧命成長學院及靈鷲山各講堂，推廣大眾的續佛慧命課程，期許大眾深耕福慧資糧田，成就無上正道。此外，慧命成長學院亦重視關懷宗教與人文、社會、身心成長的議題，俾使大眾敞開胸懷，尊重每個獨特的生命與信仰，擴展內在心靈視野。

慧命成長學院開設課程包含「佛學課程」：入菩薩行論、地藏菩薩本願經，「世學課程」：太極導引、四季養生茶療、樂活瑜珈、以及暑假特別舉辦的「心靈繪畫工坊」。多樣化的課程，符合普及世間的攝化目標。

此外，慧命成長學院為推展靈鷲山「慈悲與禪」的宗風思想，廣邀大眾加入「宗風讀書會」，閱讀2011年出版的2本新書：《聞盡——呼喚心內的觀音》及《法性比丘尼——心道法師女眾大弟子》，藉此機會深入探討，身為一位靈鷲人如何實踐宗風、進而推廣宗風。

慧命成長學院所開設的各項課程，主要目的在於觸動學員瞭解真心自性，在法味與實相的各種學習中，獲得啟發，探索宇宙生命的真理，學習「在不同之中和諧，在相同之間存在」，共同呈現智慧遍在的華嚴世界。未來，慧命成長學院亦將致力落實心道師父的華嚴世界理念，促進大眾善心行持菩薩大願，帶動整體人文生活品質的提升。

↑四季茶療養生班──實際操作。
↓新北市分院梵唄課程。

太極導引有助於氣脈暢通、身心調和。

慧命成長學院

春季班		秋季班	
佛學系列	1.入菩薩行論(二期) 2.地藏菩薩本願經	佛學系列	1.入菩薩行論 2.宗風讀書會
世學系列	3.太極導引(二期) 4.樂活瑜珈(二期) 5.四季茶療養生班(二期)	世學系列	3.超意識心靈繪畫工坊 4.太極導引(二期)

全球講堂課程

上半年		下半年	
基隆講堂	菩提道次第廣論(中)	基隆講堂	菩提道次第廣論(中)
台北講堂	基礎梵唄、初階平安禪 進階梵唄、進階平安禪	台北講堂	初階平安禪、進階梵唄
嘉義中心	菩提道次第廣論(下)	新北市分院	基礎梵唄
高屏講堂	基礎梵唄	樹林中心	佛陀的話語─阿含經概要
台南分院	菩提道次第廣論(下)、 戒學、初階平安禪	高屏講堂	進階梵唄
		嘉義中心	菩提道次第廣論 (道前基礎)
		紐約道場	阿含經概要介紹

落實靈性教育與社會服務
2011年緬甸GFLP計畫

↑2010年動土的蔻荳彌大雨托兒所，在眾人歡慶中開幕。

↑GFLP於「SeikTaThuKha寺院」頒發佛國種子獎學金。

心道師父出生在滇緬邊界的貧窮農村，戰爭讓他從小失去依怙、四處流浪，於是在他幼小的心靈，就存在一個願望，希望能消除一切的戰爭與貧窮，希望地球能夠永遠平安，世界能夠永遠和平。為了達成這份心願，心道師父選擇了修行作為他畢生的事業，從1989年開始，結合台灣數十萬信眾，以及國際間的友人，本著「尊重、包容、博愛」的理念，歷經十多年的籌建，於2001年創建了「世界宗教博物館」，作為第一個和平實踐目標的心靈工程。

2002年，於聯合國紐約總部創辦「愛與和平地球家」(Global Family for Love and Peace)的非政府組織(NGO)，致力於宗教對話、孤兒救護、資源保護等工作，作為「世界宗教博物館」志業的延伸。由心道師父所主導的GFLP回到佛國緬甸作為緣起地，配合當地的佛教文化資源寶藏，在緬甸推動「愛與和平地球家緬甸計畫」，包括：「大雨托兒所計畫」、「弄曼修行農場」、「佛國種子獎助學金計畫」，以及「國際禪修中心」

等，此為教育、身心靈修行、閉關中心、社區服務、生態農業等多功能的計畫，而靈鷲山緬甸禪修中心法成就寺的則為具體執行單位。

「佛國種子獎助學金計畫」，在2004年6月底首度執行，每年皆經由全國性的考試，選出來自緬甸各地各所僧校的孤兒、貧童或小沙彌，頒發「佛國種子獎學金」，至2011年已舉辦了8屆。除了頒發獎學金之外，佛國種子獎學金計畫單位每3個月定期赴各學校追蹤調查，分析成績單、補充文具、與孩子的父母談話、聆聽學校各方建議，讓計畫更趨完善。

「弄曼修行農場」在緬甸臘戌弄曼村，以技能培養為目標，經營有機修行農場。這片原是玉米田的弄曼村，是整個關懷計畫的重心，扶助村人自給自足，也協助農人獲得較優厚的收購價，並在修行農場中自製產品對外販售。除此之外，許多來自世界各地的友人，不定時組團參加「弄曼農場公益之旅」，讓忙碌的都市人有機會放慢腳步，享受在弄曼修行農場的農耕生活。

GFLP與聯合國兒福聯盟做了調查報告白皮書後，決定從2006年6月展開果目鎮（Kowhmu）的第一個「大雨托兒所」

那嘎蘭谷學院——八戒女。

靈鷲山緬甸國際禪修中心 —— 法成就寺外觀。

計畫——「欣羌村嗷始圖大雨托兒所」，在雨季農忙時，提供免費照顧農村幼童的服務。直到2007年3月，GFLP在果目鎮成立了「欣羌村嗷始圖大雨托兒所」、「布勞道村蔻荳彌大雨托兒所」與「耶漂敦村嗷始圖分院大雨托兒所」。「大雨托兒所」將幼兒集中在托兒所中，由沒有收入的婦女來照料，安全、衛生、教養、陪伴、遊戲，小小孩一星期7天都由托兒所照料，每周末還有醫療團隊訪視，每天可以喝到牛奶、吃到熱食，不但安全與健康獲得改善，在智能成長方面，也因幼兒在團體生活而得到較好的啟蒙與互動成長。

而在緬甸2008年5月的一場浩劫中，果目鎮的三所大雨托兒也因為納吉斯風災的肆虐而遭到全毀，於是GFLP立刻著手展開重建計畫，首先借用寺院或其他地方作為臨時校舍安置孩童，再著手重建大雨托兒所，並使用較為堅固的水泥牆面翻修校舍；經歷1年多的努力之後，果目鎮的第一個大雨托兒所「欣羌村嗷始圖大雨托兒所」於2010年重建完工，而瓦布勞道村蔻荳彌與耶漂敦村嗷始圖分院，也在2011年的3月15日隆重開幕；3所舒適、衛生、安全的大雨托兒所又再度成為果目鎮孩子們的堡壘，護佑著他們健康快樂地成長。

靈鷲山緬甸國際禪修中心「法成就寺」於2006年4月7日落成開光，是靈鷲山「聖山計畫」之中的全球四大禪修中心之一。目前，它是緬甸各項計畫的總指揮

所，未來禪修中心將有固定的禪修課程與班級，聘任禪修教師駐站授課，並教導靈鷲山寂靜禪修心法。

　　在緬甸的GFLP計畫，自2002年開始推動慈悲善業以來，至今仍運行不止。心道師父認為只有以宗教共同的「愛與慈悲」為出發，將靈性教育與社會服務合而為一，才是落實人類永續發展的方法。

靈鷲山佛教教團第八屆緬甸「佛國種子獎助學金」

序	發放日期	城市	僧院
1	2011/11/20	臘戌市	SeikTaThuKha寺院
2	2011/11/30	仰光	那嘎蘭谷學院
3	2011/12/01	仰光	因聖亞瑪學院
4	2011/12/02	仰光省勃固市	KyKhatWain學院

↑ 2010年動土的耶漂敦大雨托兒所嗷始圖分院，2011年順利落成，孩子們用表演來歡慶落成。

年

2011

表

2011 年表

日期	大事摘要
01/01	為迎接民國百年，靈鷲山無生道場舉辦敲鐘、點燈等祈福活動，迎接百年曙光，配合東北角暨宜蘭風管處及第一金融集團在福隆海水浴場舉辦「2011東北角迎曙光音樂會」等活動。
01/01	心道師父於華藏海為陳懷仁、李尹元與呂宜安、謝之韻兩對新人新婚福證。
01/01	靈鷲山三乘佛學院舉辦初修部第6屆畢業典禮，恭請心道師父蒞臨主持，師父期許畢業生發菩提心、行菩薩道。
01/02	靈鷲山合併原新莊講堂、永和講堂，改制為新北市分院，自2月1日起，開始弘法院務。
01/03~06	靈鷲山無生道場舉辦「僧眾禪修雙閉關」——華嚴閉關及21日進階閉關。
01/05	佛光山住持心培和尚率清德寺住持慧龍法師、寶塔寺住持慧得法師及書記慧皓法師等一行，蒞臨靈鷲山無生道場華嚴法會拈香為全民祈福。
01/08	新北市市長朱立倫與民政局局長李乾龍等一行赴靈鷲山無生道場華嚴法會拈香祈福。
01/09	靈鷲山社會福利慈善事業基金會於福隆國小舉辦關懷貢寮雙溪地方長者歲末聯誼餐會活動。
01/11	靈鷲山社會福利慈善事業基金會與蘭陽講堂於冬山鄉大進國小舉辦「普仁獎頒獎典禮」。
01/15	心道師父應邀出席國雷來台50年之「國雷聯誼會」。
01/16	靈鷲山台中講堂啟建「慈悲三昧水懺法會」。
01/17	靈鷲山無生道場舉辦「光明勝大金塔」灑淨儀式，恭請心道師父主持灑淨儀式，師父期勉信眾要學習菩薩的利他行以及佛陀的行善大奉獻。「光明勝大金塔」為靈鷲山泰國信眾發心起造。

01/20	中國大陸寧波七塔禪寺方丈可祥法師，偕寧波市民族宗教事務局副局長顧衛衛、寧波市民族宗教事務局處長竺安康以及寧波市東區佛教協會副秘書長賈汝臻等一行6人，前來靈鷲山參訪。
01/21~03/26	世界宗教博物館創館10週年，於新春期間推出「福到人間」特展。
01/21~23	靈鷲山三乘佛學院於無生道場舉辦「第11屆青年佛門探索營幹部訓練」。
01/22	靈鷲山台北講堂啟建「慈悲三昧水懺法會」。高屏講堂啟建「百萬〈大悲咒〉」共修法會。
01/23	靈鷲山佛教教團於無生道場啟建「2011年水陸法會第2場先修法會——圓滿施食法會」。蘭陽講堂啟建「慈悲三昧水懺法會」。
01/24~28	靈鷲山三乘佛學院舉辦「第11屆青年佛門探索營」，心道師父期許佛營學員如一畦福田，為世界佈灑利生種子。
01/25	靈鷲山無生道場獲新北市觀光局推薦為新春「五行」旅遊景點之一。
01/26	靈鷲山社會福利慈善事業基金會於中央圖書館台灣分館舉辦「第1屆靈鷲山全國普仁獎頒獎典禮」，並邀請行政院院長吳敦義、外貿協會董事長王志剛與會。
01/27	靈鷲山第1屆全國「普仁獎」得獎學生及陪同師長一行約45人，透過外貿協會安排，參觀台北國際花卉博覽會。
01/30	法門寺博物館前館長韓金科教授前往靈鷲山無生道場拜會心道師父，隨後參觀世界宗教博物館。
01/30	靈鷲山佛教教團於華國飯店舉辦新任榮董餐敘活動，心道師父蒞臨指導，會中共推葉國一大德為靈鷲山榮董聯誼會會長。
02/02	靈鷲山於大年初一以共誦《藥師經》暨〈普賢十願〉迎接嶄新的一年，並舉辦除夕圍爐、插頭香等年節活動；心道師父呼籲「重視文化傳承，找回真心，即為國家生命力」。
02/03	靈鷲山泰國講堂啟建「泰國新春財神法會」。

貳月

大悲・華嚴・覺有情

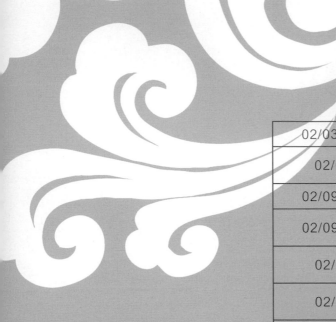

02/03~07	靈鷲山佛教教團於無生道場舉辦「2011新春迎財神、接富貴」活動。
02/08	靈鷲山佛教教團於無生道場舉辦職工新春回山團拜活動，心道師父帶領眾人走山，介紹靈鷲山的過去種種與未來規劃。
02/09~13	靈鷲山桃園講堂於新春期間啟建「梁皇法會、瑜珈燄口暨浴財神法會」。
02/09~14	靈鷲山地球書房參與第19屆台北國際書展，於世貿一館展出多項心靈好書。
02/12	靈鷲山護法會於救國團劍潭活動中心舉辦「全國委員新春聯誼餐會暨宗風論壇」活動，慶祝靈鷲山護法會成立20週年。
02/13	靈鷲山佛教教團於無生道場啟建「大悲觀音圓滿施食」。基隆講堂啟建「基隆百萬〈大悲咒〉共修」。
02/15	靈鷲山佛教教團與貢寮區公所、東北角風管處共同於福隆YMCA青年活動中心舉辦「2011新春茶敘活動」，共祝台北縣升格為新北市。
02/15~20	靈鷲山樹林中心以「吉祥寶塔」參與樹林元宵燈會。
02/19	靈鷲山高屏講堂啟建「高屏百萬〈大悲咒〉共修」。
02/19	世界宗教博物館2011年「多元文化校園巡迴展」，主題「節慶」，首站於台北市忠義國小舉行。
02/20	靈鷲山蘭陽講堂啟建「蘭陽藥師普佛暨燄口法會」。
02/21~22	心道師父以世界宗教博物館創辦人且長期推動回佛對談跨宗教交流，獲世界回教聯盟(Muslim World League)邀請，參與於國家圖書館國際會議廳舉辦的「2011人類共同價值對話」研討會，並於會中以「宗教團體與人類衝突」為題發表演說。
02/23	靈鷲山佛教教團於世界宗教博物館舉辦祈福茶會，副總統蕭萬長、各宗教代表與心道師父共同為紐西蘭震災災民及地球祈福。

	02/23	世界回教聯盟秘書長涂奇博士(H.E. Dr. Abdullah bin Abdul Mohsin Al-Turki)率團參訪世界宗教博物館，並與心道師父會晤交流。
	02/26	靈鷲山護法會於新北分院舉辦「西區以北授證委員精進營」。
	02/26	香港教育學院辦理小學校長團參訪世界宗教博物館，觀摩世界宗教博物館在生命教育領域的成果。
	02/27	靈鷲山護法會於台南分院舉辦「中區以南授證委員精進營」。
參月	03/01~02	靈鷲山佛教教團於無生道場舉辦「執事法師培訓課程」。
	03/04	心道師父在外貿協會董事長王志剛夫人陪同下參觀世界花卉博覽會。
	03/05	靈鷲山基隆講堂啟建「慈悲三昧水懺法會」。
	03/06	靈鷲山台中講堂啟建「慈悲三昧水懺法會」。
	03/11	日本於3月11日下午發生芮氏規模九的巨震，引發海嘯並造成重大災難。心道師父聞訊感於近來地球災變不斷，生靈遭受極大菩難，呼籲全球佛子精進修誦〈大悲咒〉。
	03/11	靈鷲山佛教教團於新北市分院舉辦兩梯次「職工宗風共識營」，首場恭請心道師父蒞臨開示，加強職工對靈鷲山「慈悲與禪」宗風的認識與體悟，並進而應用在生活與工作中。
	03/12	靈鷲山佛教教團與聯合文學、聯合新聞網共同於台北市長官邸藝文沙龍舉辦「第9屆宗教文學獎頒獎典禮」，心道師父親臨主持，本屆宗教文學獎短篇小說與新詩獎首獎得主分別為包涵冠、吳文超。
	03/12~13	靈鷲山護法會與三乘佛學院分別於無生道場舉辦「幹部春季營」、「與佛作朋友」系列活動──093哈佛族雲水禪。。
	03/13	靈鷲山無生道場舉辦「雲水禪一」。基隆講堂啟建「基隆百萬〈大悲咒〉共修」。

大悲．華嚴．覺有情

03/14	心道師父率領僧俗弟子前往北京參訪交流，期間拜會中國國家宗教局副局長齊曉飛及中國佛教協會會長傳印長老等人。
03/14	靈鷲山社會福利慈善事業基金會配合外交部救濟日本震災專案，募集賑災物資託予外交部送援日本。
03/15	心道師父接受飛碟電台「飛碟午餐」節目的電話專訪，呼籲大眾推廣善業，讓善業積聚、讓惡業消弭，保持心的平靜，用和諧慈悲的心來面對與處理災難的來臨。
03/15	靈鷲山GFLP分別於緬甸「瓦布勞道村蔻荳彌」及「耶漂敦村嗷始圍分院」重建並開幕兩所大雨托兒所。
03/18~20	靈鷲山台北講堂啟建「台北法華法會暨瑜珈燄口」。
03/19	靈鷲山佛教教團於新北分院舉辦第2梯次「職工宗風共識營」。
03/19	世界宗教博物館舉辦「春天玩藝遊雙和」親子故事列車活動，首站於捷和生活家社區舉行。
03/19	靈鷲山桃園講堂、高屏講堂啟建「百萬〈大悲咒〉共修」。
03/20	靈鷲山佛教教團啟建「2011年水陸法會第3場先修暨圓滿施食法會」。樹林中心、嘉義中心啟建「慈悲三昧水懺法會」。
03/24	「墨西哥瓦曼特拉——聖母‧聖像‧花毯」特展開展前，世界宗教博物館邀請台北市民族國小美術班、文德女中、建國中學等校學生參觀，並實地體驗花毯創作。
03/25~27	靈鷲山無生道場舉辦「雲水禪三」。
03/26~09/18	世界宗教博物館推出《墨西哥瓦曼特拉——聖母‧聖像‧花毯》特展。

肆月	03/26	世界宗教博物館《墨西哥瓦曼特拉——聖母‧聖像‧花毯》特展舉辦開展活動，邀請民眾參與戶外「遶境花毯」製作。此外，也邀請校園代表與墨西哥7位藝術家會面交流，體驗卡里達聖母遶境花毯及聖像花毯的藝術內涵。
	03/26	靈鷲山新莊中港中心啟建「百萬〈大悲咒〉共修」。
	03/27	靈鷲山紐約道場啟建「地藏法會」。基隆講堂啟建「清明懷恩大法會」。中壢中心、高屏講堂啟建「慈悲三昧水懺法會」。蘭陽講堂啟建「福園法會」。
	04/02	世界宗教博物館慶祝兒童節，舉辦說故事及戲偶DIY活動。
	04/03	靈鷲山聖山寺啟建「春季祭典暨圓滿施食法會」。
	04/06~05/29	一行禪師與心道師父於世界宗教博物館，共同舉辦「不是看我」禪書法聯展。
	04/07	心道師父受德國慕尼黑大學宗教系主任Michael Von Brück邀請，於德國寧芬堡（Nymphenburg）演講「中國禪宗的社會責任」。
	04/08~10	心道師父於德國慕尼黑大學宗教系主任Michael Von Brück主辦的3日禪修課程中，傳授九分禪法並分享禪修體驗。
	04/08~10	靈鷲山無生道場舉辦「雲水禪三」。
	04/09	靈鷲山寂光寺啟建「地藏暨瑜珈燄口法會」。
	04/09	世界宗教博物館「墨西哥瓦曼特拉——聖母‧聖像‧花毯」特展，舉辦「卡里達聖母的繽紛裙襬」藝文教育教師研習。
	04/10	靈鷲山富貴金佛及泰王金佛三度蒞臨桃園縣體育場第13屆「泰國潑水節」，為大眾加持祈福。
	04/10	世界宗教博物館墨西哥瓦曼特拉「聖母‧聖像‧花毯特展」舉辦教育活動專題講座，首場邀請阮昌銳教授演講「馬雅與阿茲提克文化」。

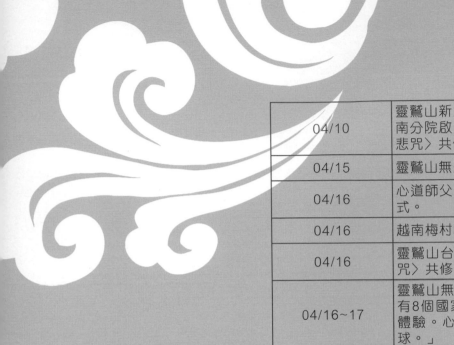

04/10	靈鷲山新北市分院、中港中心與桃園講堂啟建「慈悲三昧水懺法會」。台南分院啟建「八關齋戒暨慈悲三昧水懺法會」。基隆講堂啟建「百萬〈大悲咒〉共修」。蘭陽講堂啟建「八關齋戒暨百萬悲願共修」。
04/15	靈鷲山無生道場舉辦「雲水禪一」。
04/16	心道師父受邀為2011年福隆國際沙雕藝術季主持「造佛開雕祈福灑淨」儀式。
04/16	越南梅村禪修中心西方弟子拜訪心道師父。
04/16	靈鷲山台北講堂啟建「慈悲三昧水懺法會」。高屏講堂啟建「百萬〈大悲咒〉共修」。
04/16~17	靈鷲山無生道場舉辦「國際交換學生宗教體驗營」，在國際扶輪社安排下有8個國家、100多位國際交換學生來山，並與梅村僧團等一行交流宗教體驗。心道師父出席鼓勵大眾「一起創造更和平、更可愛、更快樂的地球。」
04/16~17	世界宗教博物館舉辦「愛情重補修——性愛與婚姻倫理對話」種子教師研習。
04/17	梅村禪修中心弟子於世界宗教博物館拜訪心道師父，並一同參觀「不是看我」禪書法聯展。
04/17	靈鷲山桃園講堂啟建「百萬〈大悲咒〉共修」。台中講堂啟建「慈悲三昧水懺法會」。
04/17~27	靈鷲山無生道場舉辦「僧眾禪十閉關」。
04/23	世界宗教博物館舉辦「幼兒生命教育」教學資源研習。
04/23	靈鷲山中港中心啟建「百萬〈大悲咒〉共修」。
04/24	世界宗教博物館「墨西哥瓦曼特拉——聖母·聖像·花毯」特展舉辦完美生活工作坊，首場邀請新竹鐵道藝術村駐村藝術家雲淡哥指導。

	04/29~5/01	靈鷲山無生道場啟建「八關齋戒及浴佛法會」，慶祝佛陀誕辰。
伍月	05/01	世界宗教博物館「墨西哥瓦曼特拉——聖母‧聖像‧花毯」特展舉辦完美生活工作坊，第2場邀請國立工藝研究發展中心植物染研究會會長劉珍芳指導。
	05/01	靈鷲山台北講堂舉辦浴佛大朝山活動。樹林中心啟建「慈悲三昧水懺法會」。新竹共修處啟建「慈悲三昧水懺法會」。嘉義中心舉辦「浴佛感恩法會」。
	05/03	「台北市迎新會」(Welcome to Taipei International Club)各國駐台使節夫人一行在外交部楊進添部長夫人陪同下參訪世界宗教博物館。
	05/04	靈鷲山佛教教團、世界宗教博物館與山東泰山風景名勝區管理委員會簽署文化交流合作協議，締結兩岸宗教文化、藝術交流的妙善因緣。
	05/06~08	靈鷲山蘭陽講堂啟建「蘭陽萬佛燈會」，以萬盞燈莊嚴佛國淨土，並以〈大悲咒〉共修的清淨法音迴向，祈世界平安、災難去除。
	05/07	世界宗教博物館「墨西哥瓦曼特拉聖母‧聖像‧花毯」特展舉辦「卡里達聖母的繽紛裙襬」藝文教育教師研習。
	05/07	靈鷲山基隆講堂啟建「慈悲三昧水懺法會」。
	05/07~08	世界宗教博物館為慶祝母親節，舉辦「五月媽咪逍遙遊」活動。
	05/07、05/14	世界宗教博物館於國立中央圖書館台灣分館勵學廣場舉辦「墨西哥戶外花毯嘉年華」活動。
	05/08	世界宗教博物館「墨西哥瓦曼特拉聖母‧聖像‧花毯」特展親子嘉年華活動，邀請幸福豆手創館負責人胡瑞娟老師指導體驗活動。
	05/08	靈鷲山基隆講堂啟建「慈悲三昧水懺法會暨百萬〈大悲咒〉」共修。
	05/10~12/31	靈鷲山佛教教團及東北角暨宜蘭海岸國家風景區管理處共同主辦福隆觀音文化節系列活動——「傳簡訊給觀音‧今天你觀音了嗎？」

大悲‧華嚴‧覺有情

05/10	靈鷲山佛教教團及東北角暨宜蘭海岸國家風景區管理處合作主辦「第1屆福隆觀音文化節」，舉行開跑記者會，會中邀請大眾「傳簡訊給觀音‧今天你觀音了嗎？」，並與貝悅酒店、國廚阿基師推出觀音養生蔬食便當。
05/10	靈鷲山台南分院啟建「浴佛節暨母親節共修法會」。
05/12	台灣聖公會賴榮信主教帶領教友參訪世界宗教博物館。
05/14	世界宗教博物館與新北市永平國小聯合舉辦「霸凌——老師心中的痛」新北市100年度防制校園霸凌國小教師研習營。
05/14	靈鷲山台北講堂啟建「慈悲三昧水懺法會」。
05/14~15	靈鷲山護法會於無生道場舉辦「北場護法總會委員精進營」。
05/14~15	靈鷲山三乘佛學院舉辦「與佛做朋友」系列活動——093哈佛族雲水禪。
05/14~20	靈鷲山無生道場舉辦「雲水禪七」。
05/15	靈鷲山佛教教團啟建「2011年水陸第4場先修暨大悲觀音圓滿施食法會」。無生道場舉辦「雲水禪一」。桃園講堂啟建「慈悲三昧水懺法會」及「百萬〈大悲咒〉共修」。台中講堂啟建「慈悲三昧水懺法會」。
05/15	世界宗教博物館墨西哥瓦曼特拉「聖母‧聖像‧花毯特展」舉辦教育活動專題講座，第2場邀請輔仁大學神學院禮儀研究中心錢玲珠老師演講「瘋狂不眠夜，花毯迎聖母」。
05/16	靈鷲山台南分院執事法住法師拜會台南市賴清德市長。
05/17~21	心道師父帶領四眾弟子前往中國浙江省普陀山觀音道場——普濟寺，參與「重鑄毗盧觀音」開光聖典，並主持「觀音禪法」傳法，及帶領大眾至普陀山各聖地朝聖。
05/21	世界宗教博物館舉辦「幼兒生命教育」教學資源研習。
05/21	靈鷲山高屏講堂啟建「百萬〈大悲咒〉共修」。

05/21~22	靈鷲山佛教教團與東北角風管處遊客中心共同舉辦「心靈單車逍遙遊」活動。
05/21~22	靈鷲山護法會於無生道場舉辦「護法會幹部夏季營」。
05/22	靈鷲山佛教教團於澳底國小舉辦「觀音故事大家談」活動，邀請地方人士與專家共同研討觀音菩薩感人的故事。
05/22	世界宗教博物館「墨西哥瓦曼特拉──聖母‧聖像‧花毯」特展完美生活工作坊，第3場邀請幸福豆手創館負責人胡瑞娟老師指導。
05/23~25	泰國南傳內觀大師讚念長老參訪靈鷲山，並傳授內觀經驗予眾僧眾。
05/26	靈鷲山佛教教團於台北101大樓舉行毗盧觀音聖像獻供祈福儀式暨福隆觀音文化節開幕式，由心道師父、普濟寺方丈道慈法師、中國國民黨榮譽主席連戰、立法院長王金平等虔敬獻供。
05/27	新店妙法寺方丈戒德和尚捨報頭七法會，心道師父至妙法寺頂禮、捻香悼念致敬。
05/27	心道師父陪同普濟寺方丈暨普陀山佛教協會會長道慈法師、浙江省舟山市市長周國輝，以及普陀山法師等一行人參訪世界宗教博物館。
05/27	周大觀文教基金會創辦人周政華偕第14屆周大觀全球熱愛生命獎得主參觀世界宗教博物館。包括美國「無腿英雄」史賓瑟‧維斯特(Spencer West)、阿根廷「清道夫律師」伊爾雅特(Marcelo Fernando Iriarte)，以及台灣「無腿輪舞天后」何欣茹等皆感受到宗博館的溫暖與愛。
05/28	靈鷲山佛教教團參與2011 Columbia盃福隆國際水陸鐵人兩項比賽活動，贈送參加選手寧靜手環及五珠平安繩。
05/28	世界宗教博物館與新北市永平國小聯合舉辦「霸凌──老師心中的痛」新北市100年度防制校園霸凌國小教師研習營。
05/28	靈鷲山新北市分院、基隆講堂迎毗盧觀音，啟建「百萬〈大悲咒〉共修」。中港中心啟建「百萬〈大悲咒〉共修」。

大悲‧華嚴‧覺有情

	05/29	靈鷲山佛教教團於聖山寺金佛園區舉辦「普陀山毗盧觀音奉安聖典暨靈鷲山開山28週年慶」等系列活動,由心道師父與普濟寺方丈道慈法師共同主持,並簽署觀音文化交流備忘錄。
	05/29	「福隆觀音文化節」系列活動,心道師父與道慈長老於福隆海水浴場彩虹橋舉辦祈福活動及灑淨儀式。此外,包括觀音信仰文化展、Happy觀音創意造型比賽、於福隆東北角風管處至靈鷲山聖山寺金佛園區沿途進行踩街、嘉年華隊伍,以及「觀音法水護佑台灣」組織青年腳踏車隊環台一週等活動,也於同日登場。
	05/31	中國浙江文化廳楊建新廳長率浙江省文化代表團等一行參訪世界宗教博物館。浙江省博物館館長陳浩驚喜宗博館將世界主要宗教用博物館的語言,及博物館的展示手法,讓全球觀眾了解世界宗教。
陸月	06/02	靈鷲山嘉義中心啟建「百萬〈大悲咒〉共修」。
	06/02~05	靈鷲山高屏講堂於高雄市長青綜合服務中心啟建「法華法會暨燄口法會」。
	06/03	心道師父前往龜山島舉行「觀音祈福法會」,為台灣及地球祈福息災。
	06/03	世界宗教博物館舉辦卡里達聖母的繽紛裙襬「墨西哥瓦曼特拉——聖母・聖像・花毯」特展藝文教育教師研習。
	06/04	靈鷲山台南分院護法志工於台南新營舉行公路朝拜祈福儀式,並為6月11日啟建「大悲觀音傳承法會」等系列活動熱身。
	06/04	靈鷲山基隆講堂啟建「慈悲三昧水懺法會」。
	06/04、26	世界宗教博物館分別在6月4日、26日於林本源園邸香玉簃廣場舉辦兩場墨西哥戶外花毯嘉年華活動。
	06/04~05	靈鷲山三乘佛學院舉辦「與佛做朋友系列活動——心之道尋根之旅」,巡禮心道師父早年於宜蘭苦行的修行聖地。
	06/04~07	心道師父前往新加坡、馬來西亞弘法,期勉眾弟子發願成為觀音的傳承。

06/05	世界宗教博物館「墨西哥瓦曼特拉——聖母‧聖像‧花毯」特展舉辦完美生活工作坊，第4場邀請新竹鐵道藝術村駐村藝術家雲淡哥指導。
06/06	靈鷲山於馬來西亞成立「柔佛靈鷲山中心」，心道師父親臨主持成立儀式。
06/06	天主教台北總教區洪山川總主教、泰國駐台北辦事處副代表Miss Wanthanee等人，參觀《墨西哥瓦曼特拉——聖母‧聖像‧花毯》特展。
06/09	靈鷲山台南分院與台南市副市長於市府大廳舉辦「大悲觀音傳承法會暨戶外寫生比賽」記者會。
06/10	靈鷲山無生道場舉辦「雲水禪一」。
06/11	世界宗教博物館與新北市永平國小聯合舉辦「霸凌——老師心中的痛」新北市100年度防制校園霸凌國小教師研習營。
06/11	靈鷲山護法會北市A區願力委員聯誼會舉辦「願力委員活力營」。
06/11	靈鷲山台南分院參與協辦台南市立新營文化中心揭牌啟用系列活動，以及辦理「莘莘學子祈福暨戶外寫生比賽」與大悲觀音傳承法會，心道師父應邀出席揭牌儀式，並親臨主法。
06/11	靈鷲山中壢中心啟建「慈悲三昧水懺法會」。
06/12	世界宗教博物館舉辦墨西哥瓦曼特拉「聖母‧聖像‧花毯特展」教育專題講座，第3場邀請邀請國立台南藝術大學藝術史學系主任于禮本教授演講「不可思議的聖像藝術」。
06/12	靈鷲山基隆講堂啟建「百萬〈大悲咒〉共修」。蘭陽講堂啟建「八關齋戒暨百萬悲願共修」。紐約道場舉辦「紐約一日禪」。
06/14	香港「心靈教育——學與教的終極關懷計劃」25位香港中學校長與教師在關俊棠神父帶領下參訪世界宗教博物館，互相交流推動生命教育的經驗與心得。

06/16~09/18	世界宗教博物館推出「台灣宗教建築縮影系列III——萬金聖母聖殿」特展。並於館內舉辦一場小型祈福遶境遊行，開放民眾向萬金聖母獻花瞻禮，由西班牙籍盧懷信神父主持祝禱儀式。
06/16	靈鷲山嘉義中心啟建「百萬〈大悲咒〉共修」。
06/18	靈鷲山台北講堂啟建「慈悲三昧水懺法會」。桃園講堂、高屏講堂啟建「百萬〈大悲咒〉共修」。
06/18~09/19	靈鷲山護法會於無生道場舉辦「北場護法會委員精進營」。
06/19	靈鷲山應邀前往新北市能仁家商參加戒德老和尚圓寂傳供讚頌大典，追思長老法教儀範。
06/19	靈鷲山佛教教團於無生道場啟建「第五場水陸先修暨圓滿施食法會」，恭請心道師父主法。
06/19	靈鷲山台中講堂啟建「慈悲三昧水懺法會」。
06/21	靈鷲山台北講堂佛學講座邀請澄觀法師主講。
06/24-27	心道師父前往印尼弘法，期間主持印尼雅加達中心落成灑淨典禮及大悲觀音傳承法會。
06/24	靈鷲山無生道場7度榮獲新北市「2010年度興辦公益慈善及社會教化績優宗教團體表揚大會」，獲頒「社會教化獎」。
06/24~26	靈鷲山無生道場舉辦「雲水禪三」。
06/25	靈鷲山中港中心啟建「百萬〈大悲咒〉共修」。
06/25~26	靈鷲山紐約道場啟建「法華法會」。
06/26	心道師父主持印尼雅加達中心落成灑淨儀式，靈鷲山於印尼終有安定之所。

	06/26	心道師父於靈鷲山印尼雅加達中心啟建「大悲觀音傳承法會」，傳授觀音菩薩〈大悲咒〉法門。
	06/26	靈鷲山佛教教團啟建「吉隆坡水懺」。
	06/28~29	靈鷲山佛教教團於無生道場舉辦「執事法師培訓課程」。
柒月	07/01	靈鷲山嘉義中心啟建「百萬〈大悲咒〉共修」。
	07/01	世界宗教博物館協助中華民國宗教與和平協進會舉辦「第12屆宗教與和平生活營」，安排生活營學員參訪世界宗教博物館。
	07/01~03	心道師父東南亞巡迴弘法，於泰國講堂主法啟建「觀音百供法會」，並弘傳觀音法門，暢談靈鷲山志業的發展進程。
	07/02	靈鷲山台北講堂啟建「百萬〈大悲咒〉共修」。基隆講堂啟建「慈悲三昧水懺法會」。
	07/02	靈鷲山泰國講堂舉辦「榮董聯誼會」，並歡迎新榮董成員。
	07/02~03	靈鷲山護法總會舉辦「北場護法會委員精進營」。
	07/03	世界宗教博物館舉辦「Hola Hola有墨趣專題講座」，首場邀請淡江大學美洲研究所所長陳小雀教授演講「熱情拉丁，奔放墨西哥」。
	07/03	靈鷲山新北市分院、中港中心與台中講堂啟建「慈悲三昧水懺法會」。
	07/03~05	靈鷲山慈善事業社會福利基金會於無生道場舉辦「青年耕心營」。
	07/06	心道師父於世界宗教博物館舉行《聞盡——呼喚內心的觀音》新書發表簽名會，會中，心道師父期許大家以寧靜與觀音菩薩連線，展現個人的生命智慧。
	07/06~09	靈鷲山慈善事業社會福利基金會於無生道場舉辦「兒童學佛營」。
	07/08	世界宗教博物館舉辦「生命教育與跨宗教靈修」教學資源研習。

大悲・華嚴・覺有情

07/09	世界宗教博物館與永和太平洋百貨合辦舉行「橘子妹妹慶生會」活動。
07/09	靈鷲山高屏講堂舉辦「2011內壇功德主行前教育訓練」。
07/09~10	靈鷲山三乘佛學院舉辦「與佛做朋友系列活動——093哈佛族雲水禪」活動。
07/09~10	靈鷲山護法總會於台南分院舉辦「南場護法會委員精進營」。
07/10	靈鷲山無生道場啟建「圓滿施食」法會與舉辦「雲水禪一」。基隆講堂啟建「百萬〈大悲咒〉共修」。新營共修處舉辦「聆聽寂靜——禪修活動」。蘭陽講堂啟建「八關齋戒暨百萬悲願共修」。
07/11~08/01	心道師父於2011年靈鷲山水陸空法會前，進行為期21天閉關。
07/12	世界宗教博物館舉辦台灣多元宗教建築之旅「台灣宗教建築系列——萬金聖母聖殿」藝文教育教師研習。
07/12	靈鷲山慈善事業社會福利基金會正式更名為「財團法人新北市靈鷲山慈善基金會」。
07/12~14	靈鷲山三乘佛學院舉辦「心寧靜——2011靈鷲山兒童禪修師資培訓課程」。
07/15	靈鷲山慈善基金會執事洞音法師等一行拜會澎湖縣縣長王乾發，使「普仁獎」在澎湖縣的推行能更加落實。
07/15	靈鷲山嘉義中心啟建「百萬〈大悲咒〉共修」。
07/16	靈鷲山無生道場常存法師代表心道師父至明乘長老靈前拈香致意。
07/16	靈鷲山台北講堂啟建「慈悲三昧水懺法會」。
07/17	靈鷲山台北講堂舉辦「水陸法會功德主聯誼會」。嘉義中心啟建「藥師普佛法會」。桃園講堂啟建「慈悲三昧水懺法會暨百萬〈大悲咒〉共修」。
07/18~24	靈鷲山無生道場舉辦「雲水禪七」。

	07/19	靈鷲山僧眾於明乘長老頭七之日至其靈前悼唁並共修迴向。
	07/19	靈鷲山慧命成長學院舉辦第1梯次「超意識心靈繪畫工坊」。
	07/20	中國廈門閩南佛學院僧眾參訪團在院長聖輝長老帶領下參訪世界宗教博物館，體驗宗博館「尊重、包容、博愛」理念。
	07/22~24	靈鷲山慈善基金會於無生道場舉辦「親子學佛營」。
	07/23	靈鷲山中港中心啟建「百萬〈大悲咒〉共修」。
	07/23~24	靈鷲山高屏講堂舉辦「高屏區護法會回山朝山」。
	07/26	世界宗教博物館舉辦台灣多元宗教建築之旅「台灣宗教建築系列——萬金聖母聖殿」藝文教育教師研習。
	07/26~28	靈鷲山無生道場舉辦「雲水禪三」。
	07/28	靈鷲山無生道場受邀參與基隆中元祭，於基隆海洋廣場舉辦蓮花燈祈福法會。
	07/29	靈鷲山般若文教基金會附設出版社出版《法性比丘尼——心道法師女眾大弟子》。
	07/30	靈鷲山高屏講堂舉辦「臨終關懷教育訓練精進營」，恭請洞音法師主講。
	07/31	靈鷲山嘉義中心啟建「百萬〈大悲咒〉共修」。蘭陽講堂啟建「蘭陽福園法會」。
捌月	08/01	靈鷲山佛教教團舉辦「2011年靈鷲山水陸空大法會記者會」，邀請百年前為革命建國犧牲的先烈遺族，包括黃興與羅福星等遺族出席，追思英烈，表達敬意。
	08/03~10	靈鷲山佛教教團於桃園巨蛋體育館舉辦「百年安康‧和諧地球——2011年靈鷲山水陸空大法會」，迎奉毘盧觀音於法會正門入口，並為辛亥革命創國先賢設立公益超薦牌位，邀請革命先烈遺族代表前往內壇祝禱。

08/03	心道師父主持「2011年靈鷲山水陸法會」開壇灑淨儀式。當日並迎奉戒德長老舍利，開放大眾頂禮。
08/03~4	世界宗教博物館舉辦「愛情重補修——性愛與婚姻倫理對話」種子教師研習。
08/03~10	財團法人靈鷲山般若文教基金會附設出版社於2011年靈鷲山水陸法會期間舉辦「法寶尋奇」特別活動。
08/04	心道師父於「2011年靈鷲山水陸空大法會」期間，至法會各籌辦單位慰勉志工，期望志工忙碌之餘不忘修行。
08/05	世界宗教博物館舉辦「生命教育與跨宗教靈修」教學資源研習。
08/06	「2011年靈鷲山水陸空大法會」內壇結界啟始，在場所有信眾齊聲持誦《寶篋印陀羅尼經》。
08/06	心道師父出席「靈鷲山水陸空大法會」出版社展售攤位簽活動。
08/07	世界宗教博物館舉辦「墨西哥親子嘉年華——老爸的彩色情人衫」彩繪活動。
08/08	2011年「靈鷲山水陸空大法會」舉行「幽冥戒」，總統馬英九、中華民國對外貿易協會董事長王志剛等貴賓蒞臨現場，至法會內壇拈香祝禱，祈願國運昌隆、人民安樂富足。
08/09	2011年「靈鷲山水陸空大法會」舉辦愛心贊普，心道師父及桃園縣縣長吳志揚出席愛心贊普頒贈儀式。
08/10	2011年「靈鷲山水陸空大法會」，民主進步黨主席蔡英文率領多位黨政立委等數十人，親臨內壇拈香供燈，為台灣安和進步祈福。
08/10	2011年「靈鷲山水陸空大法會」舉行送聖儀式，水陸法會至此圓滿。
08/13	靈鷲山蘭陽講堂啟建「八關齋戒暨百萬悲願共修」。

08/14	靈鷲山無生道場舉辦「雲水禪一」。基隆講堂、嘉義中心啟建「百萬〈大悲咒〉共修」。
08/14	世界宗教博物館為慶祝8月15日聖母升天節，於14日免費提供親子同遊共賞《墨西哥瓦曼特拉——聖母·聖像·花毯》特展。
08/16、23	靈鷲山慧命成長學院舉辦第1梯次「超意識心靈繪畫工坊」。
08/18	靈鷲山三乘佛學院於慧命成長學院舉辦第1期「心寧靜——情緒管理教學」教師研習營。
08/18	在台中完成「7小時擁抱百位台灣人」的剛果律師Serge參觀世界宗教博物館。
08/19	靈鷲山慈善基金會董事長妙用法師、性月法師代表靈鷲山佛教教團接受外交部「日本震災人道援助表揚狀」頒贈。
08/19~26	靈鷲山佛教教團於中國大陸江西百丈禪寺啟建「水陸法會」。
08/20	心道師父於江西水陸法會期間，率弟子前往雲居山參訪由虛雲老和尚所復興的真如禪寺。
08/20	世界宗教博物館舉辦「墨趣十足工作坊」——時尚╳花藝「玉米也能玩創意」。
08/20	靈鷲山新北市分院啟建「新北市社區普渡」法會。
08/21	世界宗教博物館舉辦「Hola Hola有墨趣專題講座」，第2場邀請台北市社區大學藝術課程講師楊衍畇演講「從旅行愛上藝術史——阿茲提克之前世今生」。
08/21	靈鷲山三乘佛學院舉辦「第9屆招生考試」。
08/21	中國陝西西安大慈恩寺方丈暨中國佛教協會副會長增勤法師，以「秦磚」、「漢瓦」祝賀世界宗教博物館10週年慶。

	08/25	來台參加「823金門敲響和平鐘」的多名外國友人，在行政院新聞局的安排下參觀世界宗教博物館。
	08/26~28	靈鷲山無生道場舉辦「雲水禪三」。
	08/27	靈鷲山中港中心啟建「百萬〈大悲咒〉共修」。
	08/28	靈鷲山樹林中心、蘭陽講堂啟建「慈悲三昧水懺法會」。
	08/31~9/9	靈鷲山無生道場舉辦「僧眾秋季禪十閉關」。
玖月	09/03	靈鷲山台北講堂啟建「百萬〈大悲咒〉共修」。
	09/04	靈鷲山嘉義中心啟建「〈大悲咒〉共修」。
	09/05	靈鷲山佛教基金會與世界宗教博物館發展基金會獲內政部頒發「績優宗教團體獎」，宗博館發展基金會執行長了意法師及靈鷲山佛教基金會都監常存法師代表領獎。
	09/07~11/09	靈鷲山慧命成長學院新一期課程「太極導引」開課。
	09/09	日本福島臺灣友好協會副會長花田晭一行「希望之旅」在台行程，在交通部觀光局局長賴瑟珍陪同下來山拜會心道師父。
	09/10	靈鷲山基隆講堂啟建「慈悲三昧水懺法會」。新營共修處啟建「〈大悲咒〉共修」。
	09/10~11	靈鷲山護法總會於無生道場舉辦「護法會秋季幹部營暨委員禪修營」。
	09/11	靈鷲山無生道場啟建「圓滿施食」。基隆講堂、桃園講堂啟建「百萬〈大悲咒〉共修」。蘭陽講堂啟建「八關齋戒暨百萬悲願共修」。
	09/11	靈鷲山教團於中秋夜前夕舉辦中秋團員聯誼晚會，心道師父出席為大眾開示。
	09/11	世界宗教博物館於中秋節前夕，舉辦彩虹女巫與小朋友歡聚活動。

09/12-21	心道師父雲南朝聖弘法。
09/13~14	心道師父受中國佛教協會副會長刀述仁之邀，參與「忠魂歸國」中國遠征軍出國抗戰追思活動，心道師父於會中誦念祭禱文。
09/14	北京首都博物館參訪團在常務副館長，也是北京文物局局長郝東晨帶領下來台參訪，與世界宗教博物館進行交流，並為11月雙方於宗博館開館10年開展的「智慧華嚴」佛教文物特展展示商討。
09/15	心道師父雲南朝聖弘法，帶領四眾弟子參訪雲南騰沖火山與溫泉、和順古城與抗日紀念館、保山梨花塢等名勝。
09/16~17	心道師父於中國雲南參訪雞足山，一探虛雲老和尚當年駐山整頓佛教的雄心豪氣。
09/17	靈鷲山教團在顯月法師、妙實法師帶領下一行30多人，受邀參加天主教基隆和平之后堂王榮和蒙席晉鐸60週年鑽石慶感恩彌撒聖祭。
09/17	靈鷲山台北講堂啟建「慈悲三昧水懺法會」。高屏講堂啟建「〈大悲咒〉共修」。
09/17~18	靈鷲山慈善基金會於無生道場舉辦「普仁家訪講師培訓」。
09/18	靈鷲山無生道場舉辦「雲水禪一」。寂光寺啟建「地藏法會暨大蒙山施食」。台南分院、桃園講堂與台中講堂啟建「慈悲三昧水懺法會」。
09/18	世界宗教博物館「墨西哥瓦曼特拉——聖母 聖像 花毯」特展閉幕，邀請天主教台北總教區總主教洪山川神父主持祝聖降福儀式。
09/19	心道師父雲南朝聖弘法，至雲南西雙版那茶山，並為茶山的神靈修持煙供。
09/23~25	靈鷲山無生道場舉辦「雲水禪三」。
09/24	世界宗教博物館舉辦「幼兒生命教育」教學資源研習。

	09/24	靈鷲山新北市分院啟建「〈大悲咒〉共修」。中港中心啟建「百萬〈大悲咒〉共修」。
	09/24~25	靈鷲山護法會於無生道場舉辦「幹部秋季營」。
	09/27	靈鷲山「百年水陸法會」發起的「把愛串起來‧慈悲心富足」活動,將心道師父於水陸前行閉關期間加持的1,300餘串念珠,捐贈予財團法人台灣更生保護會。
	09/28	心道師父拜會天主教深坑隱修院及王榮和神父。
拾月	10/01~02	靈鷲山三乘佛學院舉辦「與佛做朋友系列活動——093哈佛族雲水禪」活動。
	10/01	靈鷲山基隆講堂啟建「慈悲三昧水懺法會」。台北講堂啟建「百萬〈大悲咒〉共修」。
	10/02	心道師父壽誕,靈鷲山佛教教團發起拜壽、募經、齋天法會等活動,迴向師父長久駐世、福壽綿延、法水長流、遍灑三千。
	10/02	靈鷲山無生道場舉辦「雲水禪一」。聖山寺於新北市福隆國小啟建「2011大悲觀音度亡圓滿施食法會暨聖山寺秋季祭典」。嘉義中心啟建「〈大悲咒〉共修」。
	10/02	世界宗教博物館10週年文化巡禮系列活動——「伊同趴趴GO‧參訪台北清真寺」。
	10/04~06	心道師父應中國大陸廣州六榕寺之邀,於該寺舉辦為期3天的觀音法門及禪修課程。另外,心道師父於廣開法筵期間,弟子也為上師祝壽。
	10/04	廣東禪宗文化研究基地馮勝平訪心道師父。
	10/04~12/06	靈鷲山慧命成長學院秋季班課程——「真心直指!禪門祖師與思想」開課。
	10/05	靈鷲山慧命成長學院秋季課程開辦宗風讀書會,分別研讀《聞盡》、《法性比丘尼》等書。

10/06	靈鷲山慧命成長學院秋季班課程——「佛學英文／實用初階」開課。
10/06	靈鷲山佛教教團於教育廣播電台介紹「心寧靜運動」，由宋慧慈老師主講。
10/08	靈鷲山紐約道場在紐約法拉盛市政廳舉行世界宗教博物館開館10週年「LOVE & PEACE——愛與和平慶祝大會」，為館慶活動揭開序幕。
10/08	靈鷲山新營共修處、高屏講堂啟建「〈大悲咒〉共修」。
10/09	靈鷲山基隆講堂、桃園講堂啟建「百萬〈大悲咒〉共修」。蘭陽講堂啟建「八關齋戒暨百萬悲願共修」。
10/09~16	靈鷲山佛教教團舉辦「僧眾禪七閉關」。
10/10	靈鷲山開山住持心道師父接受三立電視台「大時代」節目專訪，回顧師父的成長故事與修行歷程。
10/15	靈鷲山台北講堂、花蓮共修處啟建「慈悲三昧水懺法會」。
10/15~16	世界宗教博物館舉辦「愛情重補修——性愛與婚姻倫理對話」種子教師研習。
10/16	世界宗教博物館10週年文化巡禮系列活動——「日本茶道對現代人的啟示」。
10/18~12/20	靈鷲山慧命成長學院秋季班課程——「入菩薩行論」開課。
10/22	靈鷲山新北市分院啟建「〈大悲咒〉共修」。中港中心啟建「百萬〈大悲咒〉共修」。
10/23	世界宗教博物館10週年文化巡禮系列活動——「舞動吧骷髏人」。
10/23	靈鷲山新北市分院啟建「慈悲三昧水懺法會」。中港中心、中壢中心與高屏講堂啟建「慈悲三昧水懺法會」。
10/24~30	靈鷲山無生道場舉辦「雲水禪七」。

拾壹月		
10/28	世界宗教博物館於中國北京首都博物館舉辦兩館合作交流展暨世界宗教博物館10週年館慶活動新聞發佈會。	
10/29	靈鷲山護法總會於慧命成長學院舉辦「北場儲委精進營」。	
10/29	世界宗教博物館10週年文化巡禮系列活動——「不可思議的印象慶典：從印度新年談印度慶典」。	
10/30	靈鷲山護法總會於台南分院舉辦「南場儲委精進營」。	
10/30	靈鷲山新竹共修處、嘉義中心，以及蘇澳共修處啟建「慈悲三昧水懺法會」。	
11/02~06	靈鷲山新北市分院啟建「梁皇寶懺暨瑜伽焰口法會」。	
11/03	世界宗教博物館10週年館慶，於宗博館舉辦《智慧華嚴——北京首都博物館佛教文物珍藏展》文物開箱記者會，展示「普賢菩薩」像及「廣目天王」像，並邀請北京首都博物館資深研究員黃春和教授為大眾說明。	
11/05	靈鷲山台北講堂啟建「百萬〈大悲咒〉共修」。	
11/05~06	靈鷲山護法總會於無生道場舉辦「委員禪修營」。	
11/06	靈鷲山佛教教團於桃園市陽明高中知行樓啟建「大悲觀音傳承法會」，由心道師父主法。	
11/06	世界宗教博物館10週年館慶文化巡禮系列活動——「119非你莫屬生日派對」，邀請2001年11月9日宗博開館日及11月出生的大小朋友，共同歡慶生日快樂。	
11/06	靈鷲山嘉義中心啟建「〈大悲咒〉共修」。	
11/08~01/08	世界宗教博物館10週年館慶，舉辦「館史暨祝賀特展」。	
11/09	世界宗教博物館10週年館慶暨世界宗教和諧日、館慶系列特展開幕儀式，由「聖沙聖水融合祈福儀式」揭開序幕。並於世貿國際會議中心舉辦「心和平之夜晚會」。	

11/09 ～ 2012/02/19	世界宗教博物館10週年館慶，與北京首都博物館合作舉辦「智慧華嚴——北京首都博物館佛教文物珍藏特展」。此外，「覺有情——慎雲漢堂佛教文物收藏展」也於當日開展。
11/09~11/11	世界宗教博物館10週年館慶的系列活動——「如何建立一座世界宗教博物館」國際研討會，邀請全球各大宗教類博物館代表與各地宗教領袖、企業界人士參與，研討如何以台北宗博館「尊重‧包容‧博愛」的開館精神，在全球不同地區創造新的宗博館，促進各宗教交流，成為開啟和平對話的平台，推動世界和平。
11/09~11/08	世界宗教博物館10週年館慶，於世界宗教展示大廳新增——波斯拜火教：瑣羅亞斯德教展區。
11/09	世界宗教博物館發展基金會附設出版社出版《壹顆心‧零距離——世界宗教博物館開館十週年紀念專刊》。靈鷲山出版旗鑑門市也在當日於世界宗教博物館10週年館慶日正式營運。
11/11	中華宗教文化交流協會副會長張樂斌、中國佛教協會副會長印順大和尚等一行人參加世界宗教博物館10週年館慶活動後，參訪靈鷲山無生道場。
11/12	心道師父出席靈鷲山新北市分院舉辦的「佛法大使——與師有約」。
11/12	靈鷲山新營共修處啟建「〈大悲咒〉共修」。
11/12~13	靈鷲山三乘佛學院於台南分院舉辦「第2期心寧靜——情緒管理教學教師研習營」。
11/13	靈鷲山無生道場啟建「圓滿施食(短軌)」。基隆講堂啟建「百萬〈大悲咒〉共修」。蘭陽講堂啟建「八關齋戒暨百萬悲願共修」。
11/13	世界宗教博物館舉辦「智慧華嚴——北京首都博物館佛教文物珍藏特展」系列講座活動：佛教造像的歷史長河。
11/14	心道師父於無生道場與德國慕尼黑大學宗教系主任Michael Von-Brück博士、英國格拉斯哥聖蒙哥博物館代表Ms.Sandra Ewiri及世界宗教博物館國際事務處主任Maria Habito博士等人對談。

大悲‧華嚴‧覺有情

11/15~19	靈鷲山台北講堂啟建「梁皇寶懺暨瑜伽燄口法會」。
11/18	靈鷲山無生道場舉辦「雲水禪一」。
11/18	靈鷲山高屏講堂舉辦「百萬〈大悲咒〉心靈之夜」，心道師父出席共修並為大眾開示。
11/20	靈鷲山佛教教團於新北市修德國小啟建「2012年水陸法會第1場先修法會——藥師普佛暨三時繫念法會」。
11/20	靈鷲山佛教教團於緬甸臘戌市SeikTaThuKha寺院舉辦第8屆第1場「佛國種子獎助學金」頒獎。
11/20	世界宗教博物館邀請校園代表欣賞「智慧華嚴——北京首都博物館佛教文物珍藏特展」，並感謝其協助推動生命教育的理念。
11/20	靈鷲山台中講堂啟建「慈悲三昧水懺法會」。
11/23~24	泰國水患積久不退，心道師父於11月9日呼籲各界為泰國祈福外，並囑咐靈鷲山慈善基金會籌畫投入救災工作；靈鷲山佛教教團與泰國僧王寺聯手投入救援泰國水災。
11/25~27	心道師父前往馬來西亞弘法，期間於吉隆坡啟建「大悲觀音傳承法會」。
11/25~27	靈鷲山無生道場舉辦「雲水禪三」。
11/26	世界宗教博物館舉辦「霸凌——老師心中的痛・反霸凌學習團體」國小教師研習營。
11/26	靈鷲山新北市分院、中港中心啟建「百萬〈大悲咒〉共修」。
11/26~27	靈鷲山泰國佛學會啟建「泰國法華法會」。
11/27	靈鷲山馬來西亞佛堂啟建「吉隆坡大悲觀音傳承法會」，心道師父親臨主法。

11/27~30	心道師父受到「阿育王使命」（Asoka Mission）佛教組織邀請前往印度新德里參加「全球佛教大會」（Global Buddhist Congregation 2011），於會中發表「如何化解暴力與衝突」的演說，期許「以謙卑和尊重連結宗教的大愛，一起來面對人類共同的危機，轉化人心的貪婪，化解一切暴力與衝突，成為良善的循環，讓地球平安。」
11/27	世界宗教博物館規劃《當佛法遇到藝術》藝文教師研習，介紹宗教藝術與安排特展文物導賞，協助教師認識佛教造像、繪畫等藝術之美。
11/27	靈鷲山台南分院、樹林中心啟建「慈悲三昧水懺法會」。蘭陽講堂啟建「三時繫念法會」。
11/29~12/03	靈鷲山基隆講堂啟建「梁皇寶懺暨瑜珈焰口法會」。
11/30~12/07	靈鷲山佛教教團舉辦「緬甸朝聖供僧法會」，由心道師父帶領海內外信眾前往緬甸佛國朝聖並供養當地僧侶。
11/30	靈鷲山佛教教團於緬甸仰光那嘎蘭谷學院舉辦第8屆第2場「佛國種子獎助學金」頒獎。
12	靈鷲山般若文教基金會附設出版社出版《一分禪的要訣與方法》、《明心不昧：百丈禪寺祖庭水陸禪》、《朗朗覺性：心道法師閉關日記》。
12/01	靈鷲山佛教教團與泰國僧王寺二度聯手救濟泰國洪災。
12/01	靈鷲山佛教教團於緬甸仰光因聖亞瑪學院舉辦第8屆第3場「佛國種子獎助學金」頒獎。
12/01~16	心道師父接受新浪搜狐視頻「華人佛教系列——心靈講堂」專訪，並介紹靈鷲山「無生道場」與「聖山寺」。
12/02	靈鷲山佛教教團於緬甸仰光勃固市KyKhatWain學院舉辦第8屆第4場「佛國種子獎助學金」頒獎。
12/03	世界宗教博物館舉辦「霸凌——老師心中的痛‧反霸凌學習團體」國小教師研習營。

大悲‧華嚴‧覺有情

12/03	靈鷲山台北講堂啟建「百萬〈大悲咒〉共修」。桃園講堂啟建「慈悲三昧水懺法會暨百萬〈大悲咒〉共修」。台東中心啟建「慈悲三昧水懺法會」。
12/04	靈鷲山無生道場舉辦「雲水禪一」。新北市分院、中港中心與中壢中心啟建「慈悲三昧水懺法會」。嘉義中心啟建「〈大悲咒〉共修」。蘭陽講堂啟建「八關齋戒暨百萬悲願共修」。
12/04	世界宗教博物館舉辦「中國菩薩造像之美」講座。
12/04	靈鷲山高屏講堂於國立科學工藝博物館舉辦「高屏普仁獎頒獎暨園遊會」。
12/07	靈鷲山慧命成長學院課程——「太極導引」開課。
12/10	靈鷲山無生道場與東北角暨宜蘭風管處為新人祈福,於無生道場「敲響平安鐘,願終生幸福」。
12/10	世界宗教博物館舉辦「霸凌——老師心中的痛‧反霸凌學習團體」國小教師研習營。
12/10	靈鷲山新營共修處啟建「〈大悲咒〉共修」。
12/10~11	靈鷲山三乘佛學院舉辦「與佛做朋友系列活動——093哈佛族雲水禪」活動。
12/10~11	靈鷲山護法總會於無生道場舉辦「幹部冬季營」。
12/11~17	靈鷲山無生道場舉辦「雲水禪七」。
12/11	靈鷲山基隆講堂啟建「百萬〈大悲咒〉共修」。泰國講堂啟建「慈悲三昧水懺法會」。

12/13	日本真言宗高野山宗務總長庄野光昭偕日本交流協會台北事務所岡田健一部長，及花蓮縣青少年公益組織理事長黃榮墩等一行10多人，參觀世界宗教博物館並致贈感謝狀，感謝靈鷲山援助東日本地震賑災，並希望未來靈鷲山與高野山能擴大文化藝術交流。
12/14	靈鷲山慈善基金會與靈鷲山嘉義中心共同於嘉義市政府舉行「愛在我嘉——普仁獎記者會」，並頒發「普仁小天使」授勳帶，代表普仁小太陽將肩負愛與和平的使命，把普仁精神傳遞到社會各個角落。
12/15	靈鷲山教團於世界宗教博物館舉行「2011全球寧靜運動」行前記者會，介紹「愛地球九大生活市集」及「寧靜音樂會」等活動行程，並於現場首次演唱由心道師父作詞、韓賢光老師譜曲的「寧靜主題曲」。
12/15	2010年由心道師父親自皈依並送往台南「老牛之家」安養的老耕牛「離苦」因病往生，靈鷲山台南分院執事法住法師及善信以讚經助念，完成火化儀式。
12/16	心道師父接受搜狐網王尚智先生專訪。
12/16	第2屆靈鷲山普仁獎澎湖縣頒獎典禮於澎湖縣特殊教育資源中心舉行，由靈鷲山慈善基金會執行長洞音法師及澎湖縣政府主秘許萬昌、馬公市市長蘇崑雄、澎湖縣立委代表張端美、澎湖縣教育處處長鄭嘉薇等貴賓聯合頒獎。
12/16~22	香港「鳳凰網」來台採訪「全球寧靜運動」，並介紹心道師父、靈鷲山教團、世界宗教博物館，以及靈鷲山在台灣佛教傳承的特色。
12/17	靈鷲山佛教教團與新北市政府於新莊體育場陽光草坪舉辦「2011全球寧靜運動——寧靜大會師」，心道師父及新北市市長朱立倫與各界貴賓，一同與市民體會「寧靜一分鐘」，學習「寧靜體操」，啟動「寧靜的力量」。
12/17	靈鷲山慈善基金會與靈鷲山台南分院於國立台南生活美學館舉辦「靈鷲山普仁獎頒獎暨愛與和平音樂欣賞」。

大悲．華嚴．覺有情

12/17	世界宗教博物館舉辦「幼兒生命教育」教學資源研習，並規劃《當佛法遇到藝術》藝文教師研習，介紹宗教藝術與安排特展文物導賞，協助教師認識佛教造像、繪畫等藝術之美。
12/18	靈鷲山慈善基金會與靈鷲山嘉義中心於嘉義市政府舉辦「愛在我嘉——嘉義普仁獎頒獎典禮」。
12/18	靈鷲山無生道場啟建「圓滿施食(短軌)」。台北講堂啟建「慈悲三昧水懺法會」。
12/18~2012/01/01	靈鷲山無生道場舉辦「僧眾華嚴精進閉關」，全體僧眾共誦《華嚴經》澄淨身心，並為地球平安祈福祝願。
12/24	靈鷲山新北市分院啟建「百萬〈大悲咒〉共修」。中港中心啟建「〈大悲咒〉共修」。
12/25	心道師父受邀參加佛光山佛陀紀念館啟用及各展覽館開幕暨祝禱世界和平兩岸和合典禮，與總統馬英九、佛光山開山宗長星雲大師及數十位貴賓共同剪綵揭幕。
12/25	高雄市市長陳菊訪靈鷲山高屏講堂，就普仁獎在高屏地區的發展概況，及近幾年靈鷲山「全球寧靜運動」的推廣及影響層面進行了解；並為全體市民獻供祈福，祝願高雄產業發展繁榮、市民幸福安康。
12/26	世界佛教聯誼會韓國代表造訪靈鷲山，邀請心道師父參加2012年於韓國舉辦的國際研討會暨全球佛教大會，並於會中演講。
12/27	佛光山開山宗長星雲大師於12月26日晚間因腦內血管硬化住院休養，心道師父指示靈鷲山各地講堂、分會四眾弟子，發心為星雲大師持誦《普門品》，迴向大師病障消除、祈願大師法體康泰，身心安適。

大悲・華嚴・覺有情

大悲・華嚴・覺有情

——靈鷲山2011弘法紀要

總 監 修	釋心道
總 策 劃	釋了意

編 審	靈鷲山文獻暨出版中心
編 輯 群	釋法昂、陳坤煌、洪淑妍、彭子睿、阮馨儀
美術設計	徐世偉
資料提供	靈鷲山資料中心

發 行 人	歐陽慕親
出版發行	財團法人靈鷲山般若文教基金會附設出版社
地 址	23444新北市永和區保生路2號21樓
電 話	(02)2232-1008
傳 真	(02)2232-1010
網 址	www.093.org.tw
讀者信箱	books@ljm.org.tw
郵政劃撥	18887793 財團法人靈鷲山般若文教基金會附設出版社

法律顧問	永然聯合法律事務所
印 刷	皇城廣告印刷事業股份有限公司
初版一刷	2012年01月
定 價	新台幣500元
I S B N	978-986-6324-14-7

國家圖書館出版品預行編目(CIP)資料

大悲・華嚴・覺有情：靈鷲山2011弘法紀要.
2011/釋法昂等編輯. --初版. --新北市：
靈鷲山般若出版，2012.01
面；公分
ISBN 978-986-6324-14-7(平裝)

1.佛教教化法 2.佛教說法

225.4　　　　　　　　　　100027935